REFLEXÕES REBELDES

CID BENJAMIN

1ª edição

FUNDAÇÃO LAURO CAMPOS **JO JOSÉ OLYMPIO**

Rio de Janeiro, 2016

CIP-BRASIL. CATALOGAÇÃO NA PUBLICAÇÃO
SINDICATO NACIONAL DOS EDITORES DE LIVROS, RJ

B416r
Benjamin, Cid, 1948-
Reflexões rebeldes / Cid Benjamin. – 1ª ed. – Rio de Janeiro: José Olympio, 2016
238 p.

ISBN 978-85-03-01288-1

1. Direita e esquerda (Ciência política). 2. Socialismo – Brasil. 3. Brasil – Política e governo – 2003-. I. Título.

16-34101

CDD: 324.281
CDU: 324.15(81)

Copyright © Cid Benjamin, 2016

Apoio da Fundação Lauro Campos
Alameda Barão de Limeira, 1400
01202-002 – São Paulo, SP
Tel.: (11) 2985-6173
fundação@laurocampos.org.br

Capa: Estúdio Insólito

Este livro foi revisado segundo o novo Acordo Ortográfico da Língua Portuguesa.

Todos os direitos reservados. Proibida a reprodução, armazenamento ou transmissão de partes deste livro, através de quaisquer meios, sem prévia autorização por escrito.

EDITORA JOSÉ OLYMPIO LTDA.
Rua Argentina, 171 – 3º andar – São Cristóvão
20921-380 – Rio de Janeiro, RJ
Tel.: (21) 2585-2060

Seja um leitor preferencial Record.
Cadastre-se e receba informações sobre nossos lançamentos e promoções.

ISBN 978-85-03-01288-1

Impresso no Brasil
2016

Para Washington Costa (1956-2014),
Antônio Neiva (1949-2015)
e Iná Meireles (1948-2015),
amigos queridos e
exemplos de militante

Sumário

Prefácio — 11
Apresentação — 15

Levanta, sacode a poeira e dá a volta por cima — 19
A "turminha braba" e sua ponte para o passado — 29
Aprendizes de feiticeiro — 35
Uma sociedade de classes — 37
O que é ser de esquerda hoje? — 41
Toda luta deve ser apoiada? Toda forma de luta deve ser apoiada? — 51
A liberdade de expressão — 59
Política e religião — 63
A questão do aborto — 67
Os jovens e a política — 71
A garotada aprende e nos dá lição de cidadania — 75
Tarifa zero? — 77
Sobre o Mais Médicos — 79
Chama o ladrão — 85

Ainda sobre a caridade de Pezão	89
Como tratar o lixo da esquerda	93
Sobre analogias e diferenças	97
O exemplo de Mujica	99
Entre a ética e a ilegalidade	103
O prefeito e seus camisas pardas	107
Sobre a reforma tributária	109
Fator Previdenciário e salário mínimo	113
Confisco salarial	117
As aparências enganam	119
Dez perguntas	121
Juros, problema de todos	123
O que não se diz sobre o BC	125
Terceirização e Previdência	127
A flexibilização da legislação trabalhista	129
As urnas falaram	133
Para o PT refletir	137
Caminho equivocado	141
Eleições gerais: quem as garante?	143
Uma crítica ao PCB	147
Estelionato eleitoral	149
Por uma frente de esquerda	153
Quatorze pitacos sobre a situação política	155
Reflexões sobre o quadro político	161
Propostas para uma reforma política	163

Caminhos para a reforma política	167
Cascas de banana	171
Uma tese maldita	175
Saída pela esquerda	179
A PM é assassina de negros pobres	183
UPPs na hora da verdade	185
Um dos mais cruéis torturadores	189
Uma decisão histórica	191
O estigma da tortura	195
Refrescando a memória	199
Controle externo do Judiciário	203
Desengaveta, Gilmar	207
E aí, Lewandowski?	211
A luta armada foi derrotada. Seus combatentes serão sempre lembrados	213
Rápidas impressões de uma viagem a Cuba	217
Festival de hipocrisia	227
Podemos — uma experiência rica ou um novo paradigma para a esquerda?	229
Uma história do Leandro Konder	235

Prefácio

Juliano Medeiros[1]

A história brasileira é pródiga em descontinuidades. Nosso primeiro século como nação independente foi marcado, fundamentalmente, pela luta entre diferentes frações das elites nacionais em torno da forma de inserção do país no mercado internacional. A primeira Constituição do país foi promulgada por dom Pedro I, em 1824, depois de prender deputados e cercar com as tropas imperiais a Assembleia Constituinte. No início dos anos 1840, o chamado "Golpe da Maioridade" daria início ao segundo reinado com o objetivo de debelar as insurreições regionais que tomavam o país. Duas décadas depois, seguindo os passos do pai, dom Pedro II destituiria o gabinete liberal e restauraria o poder dos conservadores através de um golpe. A monarquia chegaria ao fim por um golpe militar em 1889, ao qual assistiram bestializadas as massas populares. Dois anos depois o então presidente Floriano Peixoto fecharia o Congresso Nacional e se manteria no poder após a renúncia de Deodoro da Fonseca, contrariando o que mandava a Constituição Federal, a saber, a convocação de novas eleições.

---

[1] Dirigente nacional do PSol e presidente da Fundação Lauro Campos.

A luta em torno dos rumos do Brasil nas primeiras décadas do século XX deu origem à ruptura de 1930. Essa transição marca o início de um novo projeto de modernização conservadora. Em 1937, apenas três anos após a promulgação da Constituição, um golpe liderado por Getúlio Vargas instauraria um Estado parafascista que reprimiu com violência seus adversários políticos. Ironicamente, o Estado Novo chegaria ao fim com a deposição forçada de Vargas pelos comandantes militares em outubro de 1945, através de um novo golpe. Em 1961 a instalação do parlamentarismo, embora justificado como forma de contornar uma nova crise institucional, foi mais um golpe que contrariou a Constituição Federal para impedir a posse de Jango. A democracia nascida com o fim do Estado Novo tinha apenas 15 anos. Em 1964 o mais célebre dos golpes instaurou uma ditadura militar amparada por um forte aparato político-econômico-midiático. Essa é a história dos golpes ao longo de nossa história como nação independente, ou seja, essa é a forma pela qual as elites políticas sempre resolveram seus impasses: afrontando a legalidade toda vez que isso lhes foi conveniente.

Este livro chega às mãos dos leitores apenas poucos meses após a promoção de mais uma abrupta "descontinuidade histórica". A derrubada de Dilma Rousseff por parte de seus antigos aliados é ao mesmo tempo tragédia e farsa. É tragédia porque conduz ao poder, legitimado pela "opinião pública" e pelo Judiciário, o que há de pior na política brasileira, favorecendo a promoção das medidas recessivas exigidas pelo mercado para assegurar um novo ciclo de expansão de nosso dependente e periférico capitalismo nacional. E é farsa porque se apresenta como o fim previsível de um projeto político que, carregando sonhos e utopias, optou pela conciliação com aquelas classes que jamais respeitaram verdadeiramente a democracia e os direitos sociais conquistados pela luta de milhões de brasileiros e brasileiras. Não é, portanto, apenas a derrota da

Constituição de 1988. É também a derrota de uma estratégia que optou por descer à mais baixa política para viabilizar seu "reformismo fraco", ao invés de amparar-se na mobilização popular em favor das transformações estruturais reclamadas historicamente por nosso povo.

Por isso, não poderia ser mais oportuno o momento em que as reflexões de Cid Benjamin chegam até nós. Não só pela atualidade de suas posições, que reconstituem com precisão a trajetória da política e das tensões da sociedade brasileira nos últimos 14 anos, mas pela lucidez que aportam à análise do grave momento político que vivemos. Cid Benjamin é daquelas vozes imprescindíveis no pensamento crítico brasileiro. Ele viveu "de dentro" os momentos mais dramáticos dos últimos 50 anos da história do Brasil. Da rebeldia juvenil que se tornou luta armada contra a ditadura civil-militar ao exílio; do retorno ao país à fundação do Partido dos Trabalhadores; da luta em favor de um projeto democrático e socialista para o Brasil à crítica implacável aos descaminhos de uma esquerda que se dobrou às "razões de Estado". O olhar de Cid Benjamin sobre a realidade brasileira é próprio de quem conhece a dinâmica da história, da política, da economia, das múltiplas relações sociais, culturais e simbólicas que dão significado ao nosso país. Por isso suas reflexões chegam em hora tão importante.

Arguto como só ele sabe ser, Cid pergunta: o que é ser de esquerda hoje? Depois de tudo o que vivemos nos últimos anos, a resposta pode parecer complexa. Mas com a simplicidade de quem entende o Brasil e sabe interpretar a realidade como poucos, Cid traz aquilo que podemos chamar de "elementos para uma esquerda do século XXI": a defesa dos direitos sociais, da democracia, das liberdades civis — incluindo a liberdade de expressão, de um modelo econômico em favor dos "de baixo", dos direitos humanos, das mulheres, da ética e da transparência, da mobilização como expressão máxima da ação política, da atualidade da oposição direita x esquerda, da luta de classes como conceito historicamente válido e atual.

Cid Benjamin é um patrimônio da esquerda brasileira, mas suas opiniões podem às vezes ser polêmicas — que socialista seria ele se assim não fosse? Nem sempre suas posições se encaixam na previsibilidade dos dogmas que certa esquerda brasileira, incapaz de renovar seu repertório, insiste em reproduzir. Mas, ao nos tirar de nossa "zona de conforto", Cid estimula nossa reflexão sobre os próprios limites das propostas a que insistimos em jurar lealdade, mesmo que inócuas. Uma mente jovem, inquieta, arguta e profundamente vinculada ao Brasil real: eis o que os leitores encontrarão nos ensaios reunidos neste livro. Por isso, cada página vale a pena.

MAIO DE 2016

Apresentação

Cid Benjamin

Este livro traz uma coletânea de artigos escritos por mim nos últimos anos. A maioria foi publicada em jornais — em particular em dois deles: *O Globo* e *O Dia*, ambos do Rio de Janeiro. Mas há textos divulgados em outros veículos e, também, preparados a partir de anotações para palestras, além de editoriais lidos no programa de rádio *Faixa Livre* — em que atuei como âncora cobrindo férias do titular, meu amigo Paulo Passarinho — e posts no Facebook.

A maior parte desses artigos foi redigida durante os mandatos de Luiz Inácio Lula da Silva e Dilma Rousseff na Presidência da República. Mas o publicado em primeiro lugar — "Levanta, sacode a poeira e dá a volta por cima" — foi escrito em seguida ao impeachment de Dilma, a pedido da Editora José Olympio, para que abrisse a coletânea. Ele faz um balanço da situação da sociedade e da esquerda a partir do afastamento de Dilma. Há outros dois inéditos: "A turminha braba e sua ponte para o passado" e "Toda luta deve ser apoiada? Toda forma de luta deve ser apoiada?", também redigidos em maio de 2016.

A denúncia do "golpe paraguaio" sofrido por Dilma está presente em vários artigos, mesmo em alguns escritos antes da abertura do processo de impeachment. E aqui vale um parêntese: não se veja na expressão "golpe paraguaio" demonstração de preconceito contra o país irmão, mas tão somente uma referência a essa nova modalidade de golpe de Estado na América Latina, sem tanques ou canhões, e apoiada no Legislativo e no Judiciário, inaugurada no Paraguai.

Mesmo tendo feito oposição ao governo Dilma — uma oposição de esquerda, programática —, meu repúdio ao golpe que levou Michel Temer e seus asseclas ao poder é radical. Seja porque o golpe atropela a democracia e abre um precedente perigoso, que é o impeachment sem base legal, seja porque o governo Temer significará um gigantesco retrocesso político e social para o país.

Esta posição crítica ao golpe fica patente na coletânea, seja em artigos publicados ainda antes do afastamento de Dilma, seja em textos posteriores ao impeachment.

Como os artigos foram escritos em diferentes momentos, na abertura de cada um deles há informações sobre o momento político, o assunto de que trata (o que nem sempre fica claro apenas pelo seu título), a data e o veículo em que foi publicado.

Na medida do possível, os escritos estão agrupados por assuntos. Considerei melhor apresentá-los assim do que em ordem cronológica.

Como, em sua maioria, foram publicados em jornais de grande circulação, os artigos estão redigidos de forma didática, podendo ser compreendidos mesmo por leitores não familiarizados com termos usuais da política ou da economia. Aliás, alguns se propõem justamente a desvendar esses termos ou a explicar questões que, num primeiro momento, parecem só ao alcance de especialistas.

Os artigos são voltados para o debate na sociedade e não para quem já tenha posições próximas às minhas. Não estigmatizam quem não pensa como eu. Ao contrário, buscam dialogar com essas pessoas, muitas vezes a partir de suas próprias convicções, buscando trazê-las para uma reflexão mais aberta. Aliás, o debate na sociedade me atrai mais do que a luta interna na esquerda — ainda que esta seja também necessária.

A maioria dos textos combate abertamente a direita, nos planos político e ideológico. Outros, porém, mantendo seu viés de esquerda, foram escritos para estimular o debate no seio das forças progressistas. E, em alguns casos, vão na contramão de teses predominantes nesses campos. Alguns exemplos:

Critico a Lei da Ficha Limpa.

Sou contrário ao financiamento público de partidos e de campanhas eleitorais.

Mostro as armadilhas da proposta de tarifa zero nos transportes.

Penso que não deve haver apoio automático da esquerda a toda luta desenvolvida por movimentos de trabalhadores.

Não apoio certas formas de luta usadas por trabalhadores, como greves por tempo indeterminado de funcionários públicos que prestam serviços diretamente à população.

Combato o corporativismo, muitas vezes presente no movimento popular, ainda que, com frequência, esteja presente em lutas apoiadas por amplos segmentos da esquerda.

Afirmo que movimentos de massas não conduzem necessariamente a processos revolucionários, ou ao fortalecimento do campo progressista. Aliás, essa idealização de qualquer manifestação popular levou a conclusões errôneas de alguns sobre as jornadas de junho de 2013 no Brasil, ou sobre eventos como a chamada Primavera Árabe, em 2001 e 2012.

Por tratar de questões desse tipo e a partir dessa ótica, cheguei a pensar em publicar alguns desses textos em separado, numa outra coletânea que receberia o título de *Teses malditas*. Acabei desistindo da ideia e integrando-os a este *Reflexões rebeldes*.

No mais, nestes dias de confusão ideológica, reafirmo a importância da política como a mais nobre das atividades humanas, se exercida com espírito público.

Insisto em que a promiscuidade entre a ação política e os "negócios" — lamentavelmente incorporada por parte do PT, no rastro das piores tradições da política brasileira — deve ser repudiada. "Quem quiser enriquecer, que o faça — costuma dizer Pepe Mujica, ex-presidente do Uruguai —, mas longe da política." Ele está cheio de razão.

Faço votos de que a publicação desta coletânea contribua para a reflexão acerca das desigualdades sociais e para a busca das formas de combatê-las, numa perspectiva de luta por uma sociedade socialista e radicalmente democrática.

Espero, também, que esta coletânea ajude a reafirmar a necessidade da utopia na ação política. Afinal, sem a utopia, a política — assim como a vida — não passaria de uma mesmice sem objetivo maior.

Por fim, é preciso ter presente sempre que, se hoje a vida é extremamente dura para a maioria, "ela devia ser bem melhor, e será", como ensinou Gonzaguinha.

MAIO DE 2016

Levanta, sacode a poeira e dá a volta por cima

> *Artigo inédito, escrito em maio de 2016 para esta coletânea, a pedido da Editora José Olympio. Ele trata do quadro criado com o impeachment da presidente Dilma Rousseff e da situação da esquerda a partir da subida ao poder de Michel Temer.*

"Quando se navega sem destino, nenhum vento é favorável" (Sêneca 4 a.C.–65 d.C.). A frase do pensador romano contemporâneo de Cristo é de enorme atualidade. Compreender as causas da derrota sofrida pela esquerda com o malogro da experiência do PT no governo e retomar a luta corrigindo os erros é tarefa essencial na construção do futuro. Até porque quem não sabe aonde deseja ir não chegará a bom porto.

Depois de 13 anos e meio de governos petistas — oito de Luiz Inácio Lula da Silva e cinco e meio de Dilma Rousseff —, o país foi vítima de um golpe de Estado que pôs o vice Michel Temer no poder. Apesar de terem sido os melhores governos do país desde João Goulart, a experiência dos governos petistas foi frustrante para quem esperava gestões transformadoras.

A força das manifestações de rua quando do afastamento de Dilma surpreendeu muita gente. Ela foi uma demonstração inequívoca de que havia espaço significativo para forte apoio popular caso tivesse sido implementada pelos governos do PT uma agenda de reformas estruturais. Uma proposta de aliança com os setores populares — e não com os gângsteres que compunham a maior parte da base parlamentar das gestões petistas — seria plenamente viável. É uma lástima que não tenha sido tentada, por falta de coragem política ao PT, a Lula e a Dilma.

No início de 2003, quando da posse de Lula em seu primeiro mandato, era grande a expectativa de que o PT vinha para mudar. A aplicação de um programa de reformas teria toda legitimidade diante da sociedade e seria vista como natural, mesmo por segmentos que não eram de esquerda. Além disso, havia uma conjuntura internacional favorável, com um *boom* dos preços das *commodities* que propiciava uma boa folga nas finanças públicas.

Mas, não. O quadro econômico favorável foi usado tão somente para fazer os ricos ainda mais felizes e atirar migalhas para os pobres. Quando 12 anos depois, no início do segundo governo Dilma, ficou patente que a situação tinha mudado e as dificuldades no plano internacional afetavam a economia brasileira, depois de num primeiro momento negar a existência de problemas, a presidente Dilma pôs em prática um ajuste que jogou todo o peso da crise nos ombros dos trabalhadores, aplicando a política preconizada pelos seus adversários de direita na disputa eleitoral. Que era preciso tomar medidas para enfrentar a crise, não se discute. Mas isso não significava jogar seu peso nos ombros dos trabalhadores.

Nem os petistas negam que, nesse episódio, tenha sido cometido um estelionato eleitoral.

Quem esperava mudanças reais com o período do PT no governo frustrou-se. Embora, em particular no primeiro momento, ele tenha melhorado a vida dos mais pobres, nem um só interesse dos poderosos foi prejudicado. Isso, evidentemente, tirou espaço para iniciativas de reformas estruturais ou de mudanças mais profundas. Elas sequer foram tentadas.

Que fique clara uma coisa. Essa crítica não significa que se reivindicasse dos governos do PT medidas anticapitalistas, mas simplesmente reformas estruturais que, sem romper com o sistema, enfrentassem as injustiças sociais e acumulassem forças para passos mais significativos. Elas eram perfeitamente condizentes com a correlação de forças existente. Isso, sem lembrar um aspecto fundamental: se o PT desencadeasse um processo de reformas ao assumir a Presidência, ele fatalmente modificaria a seu favor a correlação de forças na sociedade.

Praticamente todas as chamadas "reformas de base" que João Goulart tentou implantar no período pré-golpe de 1964 — 52 anos antes da deposição de Dilma! — estão ainda pendentes. Mesmo as que compunham o programa eleitoral do PT foram esquecidas.

A política econômica foi integralmente entregue nas mãos do capital financeiro.

A reforma agrária saiu de pauta.

A política agrícola deixou em segundo plano a agricultura familiar — a que efetivamente produz alimentos para a mesa dos brasileiros — e privilegiou o agronegócio, tendo sido entregue diretamente a seus representantes.

A reforma política foi engavetada e o peso do poder econômico nas eleições aumentou. O resultado é que, a cada eleição, vem piorando a qualidade da representação política no parlamento — como ficou patente no autêntico circo de horrores em que se transformou a votação para a abertura do impeachment na Câmara.

O Ministério das Comunicações foi entregue, sempre, a prepostos da Globo. Essa decisão garantiu a perpetuação da obscena concentração dos meios eletrônicos de difusão nas mãos de umas poucas famílias e a continuação do papel desempenhado pela mídia, praticamente como um partido político, atropelando o que dispõe a Constituição. Até o debate sobre a democratização dos meios de comunicação, bandeira histórica do PT, sumiu de cena.

O caráter laico do Estado se enfraqueceu e concessões sucessivas foram feitas a setores religiosos em troca de um ilusório apoio político que se esvaiu quando da votação do impeachment.

Os movimentos sindical e estudantil tornaram-se mais apelegados, com o beneplácito do PT e de seus aliados mais próximos, como o PCdoB.

Representantes do que há de pior na política brasileira foram designados para postos-chave nos governos petistas. Figuras deletérias — que se tornaram posteriormente artífices da deposição de Dilma e passaram a integrar o governo golpista de Michel Temer — cansaram de ser prestigiadas por Lula e Dilma, em nome de uma governabilidade que, em mais de uma década, não serviu para implantar quaisquer mudanças ou, sequer, ajudou a barrar o impeachment.

Não à toa o Ministério de Temer tem 11 ex-integrantes do primeiro escalão dos governos do PT. E seu superministro, Henrique Meirelles, sempre foi declaradamente o preferido de Lula para conduzir a economia do país — mesmo depois que este não era mais presidente.

É inegável que alguém andou escolhendo mal seus aliados. E não foi a direita.

Esteve ausente, de parte dos governos Lula e Dilma, qualquer esforço de politização dos trabalhadores. A influência eleitoral do PT cresceu apoiada tão somente na melhoria do nível de consumo da parcela mais pobre da população — o que é positivo, mas insuficiente para um partido que se pretendia transformador. Passada a lua de mel, ficou claro que não tinha havido aumento da consciência política dos segmentos mais pobres da sociedade, a influência do PT não se sustentou e o prestígio do partido veio abaixo.

O "reformismo fraco" dos governos Lula e Dilma, para usar a expressão de André Singer, acabou por se incorporar à vida nacional. Não é mais um elemento diferenciador do PT. Tanto que Temer vai manter programas como o Bolsa Família, talvez fazendo uma ou outra mudança. Custam pouco, não afetam as relações de poder e têm efeito apaziguador junto a movimentos potencialmente contestadores da ordem injusta.

A política se desmoralizou aos olhos da sociedade. Continuou, até com mais força, a ser considerada como um terreno por excelência de aproveitadores. A corrupção seguiu sendo sistêmica, passando a ser vista por amplas camadas como um desvio no qual todos os grandes partidos incorrem — o que é verdade. E o PT passou a ser considerado — nesse caso, talvez injustamente, por ser um exagero — como o partido símbolo da roubalheira.

Mas se há injustiça neste último juízo, ninguém deve se espantar com ele. Afinal, o PT, no seu surgimento, se dizia disposto a mudar a forma de fazer política no Brasil. E deixou de lado essa bandeira. Nas palavras do mais importante ministro de Dilma, o então chefe da Casa Civil Jaques Wagner, "lambuzou-se". Não foram poucos os dirigentes do partido que enriqueceram à sombra do poder. E nem sempre — melhor seria dizer, quase nunca — de forma republicana.

César Benjamin, militante histórico da esquerda, fundador e ex-dirigente do PT, traçou há mais de dez anos um retrato demolidor da transfiguração do partido num artigo intitulado "O triunfo da razão cínica", publicado na revista *Caros Amigos* nº 80 (dezembro de 2003). A descrição é dura, mas, se no primeiro momento foi vista como exagerada por alguns, não deixou de ser premonitória, pelo menos no que diz respeito a uma tendência que se consolidava:

> O Partido dos Trabalhadores está morrendo. Nele não resta mais nenhum espírito transformador, nenhuma autenticidade, nenhum impulso vital. Não tem princípios a defender. Não tem mais referências sobre coisa alguma, pois suas posições históricas (...) estão sempre prontas a ser sacrificadas no balcão em que se fazem as negociações do momento.
> (...) O PT tornou-se uma via de ascensão individual para a afluência material e o poder. Multiplicam-se as pessoas que se tornaram subitamente importantes, e que se sentem assim, sem ter história nem biografia, sem ter passado nem futuro. Pobres de espírito, (...) não leem um livro, não se dedicam a conhecer bem assunto nenhum. (...) Suas lealdades se esgotam nos limites dos grupos de interesse a que estão vinculados.

Esse quadro de desagregação programática, ideológica, política e moral é uma das faces da derrota de um projeto que um dia foi de transformação da sociedade e que tantas esperanças despertou. Independentemente de uma ainda possível (embora não provável) vitória eleitoral de um candidato petista em eleição presidencial, esse quadro trágico já não será revertido. O projeto PT, tal como existia em sua criação, acabou.

Engana-se quem pensa que a *débâcle* do PT atinge exclusivamente aquele partido. Aos olhos da maioria, os governos petistas representaram a experiência da esquerda no poder. A derrota do petismo é, queiramos ou não, uma derrota da esquerda. A proposta mudancista se desidratou. A bandeira da ética na política, historicamente da esquerda, foi desmoralizada. Só não veem esta realidade certos grupos cujos horizontes não vão além do universo da disputa interna no campo progressista.

É este o pano de fundo no momento em que a maior parte dos presentes ensaios foi escrita.

O "golpe paraguaio" que levou Michel Temer ao poder abre um novo período para o país. Muito mais difícil. O governo Dilma não era de esquerda. Não era sequer um governo de reformas. Em sua essência, era até um governo de direita — se nos dispusermos a analisá-lo por seus atos e não pelo que ele e seus apoiadores diziam de si. Mas o governo Temer, por suas medidas, será de extrema direita. Vai atacar direitos dos trabalhadores de uma forma ainda mais agressiva do que os petistas. O duro ajuste fiscal de Dilma parecerá uma brincadeira diante do tal "Uma Ponte para o Futuro", o programa anunciado pelos golpistas.

Muitos dos que apoiaram a queda de Dilma em nome de um desejado combate à corrupção vão se dar conta de que acabaram entregando o galinheiro a um amontoado de raposas — a verdadeira quadrilha que há décadas controla o PMDB.

A partir do fim da ditadura, da redemocratização do país e da construção do PT, no início dos anos 1980, a esquerda brasileira desenvolveu uma estratégia mais próxima daquilo que o teórico marxista italiano Antonio Gramsci preconizava como o caminho para o socialismo nas sociedades capitalistas modernas: a ênfase na disputa da hegemonia, na conquista de reformas e no aprofundamento da democracia.

A derrota dos governos petistas não deve levar a esquerda a rever essa estratégia. Até porque a alternativa seria uma concepção insurrecional, sem futuro no Brasil do século XXI. O fracasso petista se deveu essencialmente ao abandono de um programa democrático-popular, que realizasse reformas estruturais no país, alargando os espaços para o movimento popular, na luta por um socialismo democrático. O abandono dessa política e a adoção do neoliberalismo foram as causas centrais da derrota.

Por uma dessas ironias da história, o abandono das bandeiras do PT não o transformou automaticamente num sócio confiável do grande capital. Quando este último resolveu radicalizar as medidas antipopulares, jogou os petistas na lata de lixo e promoveu o impeachment de Dilma para pôr no lugar seus representantes diretos.

As forças mais consequentes do campo progressista fizeram oposição a Dilma — uma oposição programática e de esquerda —, mas nunca questionaram a sua legitimidade, que se amparava em 54 milhões de votos. Não é o que acontece com Michel Temer. Dada a origem golpista de seu governo, ele não está sendo reconhecido como legítimo.

Mas há outros problemas. A crise econômica que herda não deve ser superada tão cedo e os atuais 11 milhões de desempregados tendem a crescer a curto prazo. O ministro Henrique Meirelles, da Fazenda, já fala em 14 milhões no fim de 2016.

Seu programa, o tal Uma Ponte para o Futuro, é marcado por profundos ataques aos direitos dos trabalhadores e enfrentará forte resistência popular.

Por fim, há a imprevisibilidade da Operação Lava-Jato. Por mais que o novo governo queira esvaziá-la, ela já ganhou dinâmica própria e está ancorada na opinião pública. Pode inclusive atingir boa parte dos principais ministros de Temer, cuja equipe é formada por notórios corruptos.

A cada dia surgem elementos que trazem novos ingredientes à crise. A esta altura, qualquer avaliação de conjuntura caminha sob o fio da navalha e arrisca a se tornar caduca por conta de novidades da Lava-Jato.

Por tudo isso, a tendência é que os próximos tempos sejam marcados por instabilidade e fortes lutas populares.

Mesmo que não possa ser descartada a hipótese de que, depois de percalços iniciais, Temer controle a situação e recupere a economia, conquistando popularidade, isso não é o mais provável.

O cenário que se desenha é uma situação mais e mais difícil. É provável que, a partir daí, crescentes segmentos da população defendam novas eleições. Aliás, não custa lembrar que, pouco antes da votação na Câmara que abriu o processo de impeachment, pesquisas já mostravam que mais de 60% da população queriam novas eleições para presidente e vice.

Nesse contexto, o PSDB e outros partidos ou personalidades que apoiaram o golpe podem vir a se descolar de Michel Temer, para não naufragar com ele. Aliás, na semana em que Temer assumiu a Presidência, o ex-presidente Fernando Henrique Cardoso, um dos condestáveis tucanos, em entrevista ao jornal *O Globo* deixou claro que o PSDB vai entrar no governo preparando a saída. Esse quadro pode ajudar a tornar viável a aprovação de uma emenda constitucional convocando eleições extraordinárias para presidente e vice.

Além disso, um cenário de crise institucional e ebulição nas ruas influenciaria o TSE, que nos próximos meses vai julgar as contas de campanha da chapa Dilma e Temer. A acusação é que, nela, foram usados recursos oriundos da corrupção. E quem impetrou uma ação pedindo a rejeição das contas foi o... PSDB.

Por mais que o ministro Gilmar Mendes, o líder da direita no Supremo Tribunal Federal (STF), tente levantar a tese de que as campanhas de presidente e vice são separadas, este é um malabarismo insustentável. Não houve um só panfleto, ou uma só peça de propaganda eleitoral, apenas para Temer em toda a campanha.

Assim, caso ele consiga se sustentar na Presidência até o fim de 2016, terá um duro caminho pela frente. Caso contrário, haverá novas eleições presidenciais.

Caso saia do governo a partir de janeiro de 2017, o sucessor será escolhido de forma indireta. E não pense a direita que essa alternativa lhe trará paz. Um sucessor escolhido nessas circunstâncias carregará, tanto ou mais quanto Temer já carrega, a marca da ilegitimidade. Que ninguém duvide, ressurgirá uma nova campanha por diretas já.

Nesse cenário, à esquerda cabe juntar os cacos e seguir o conselho dado naquele samba de Paulo Vanzolini ao cidadão que sofreu uma desilusão amorosa:

"Reconhece a queda / E não desanima / Levanta, sacode a poeira / E dá a volta por cima."

A "turminha braba" e sua ponte para o passado

Artigo também inédito, escrito para esta coletânea em maio de 2016, criticando medidas do projeto Uma Ponte para o Futuro, elaborado pela equipe do presidente golpista Michel Temer e apontado como seu programa de governo.

Os mais velhos hão de lembrar o comercial antigo, muito conhecido, de um aditivo chamado Bardahl, usado no combustível dos carros. Coisa do fim dos anos 50, início dos anos 60 do século passado. Num momento em que a TV ganhava espaço, o produto inovava na publicidade usando um desenho animado que logo se tornou muito popular. O óleo servia para combater o atrito entre as peças do motor e era trazido por um sujeito com capa de chuva e chapéu, desses usados por detetives de antigos filmes americanos. Com a lata do Bardahl nas mãos, ele se referia a "uma turminha braba", como eram chamados os vilões que prejudicavam o bom funcionamento do motor: Chico Válvula Presa, Zé dos Anéis Presos, Antônio Sujo e Carvãozinho. Uma vez despejado no motor, o óleo punha fora de combate esse grupo e o carro deslanchava.

Pois bem, ao ver Michel Temer e sua gente — Romero Jucá, Geddel Vieira Lima, Moreira Franco, Eliseu Padilha, Blairo Maggi, Gilberto Kassab, Henrique Eduardo Alves, o filho de Jader

Barbalho, o filho de Picciani e outros —, me vem à lembrança o anúncio daquele aditivo.

A "turminha braba" encabeçada por Michel Temer é o que há de pior na política brasileira. Chega a ser constrangedor lembrar que boa parte dessa gente integrou o primeiro escalão dos governos do PT.

Mas deixemos de lado esse pormenor. São águas passadas.

Pois bem, já na primeira semana, mal o golpista Temer assumiu a Presidência, a "turminha braba" começou a dizer ao que veio.

O novo ministro da Saúde, o deputado federal licenciado Ricardo Barros, afirmou que o acesso àqueles serviços não deveria ser direito universal, ao contrário do que reza a Constituição. E defendeu a redução do Sistema Único de Saúde (SUS). Não por acaso, o maior financiador de sua campanha eleitoral foi um plano de saúde privado.

Logo em seguida, o mesmo ministro anunciou a redução de dez mil médicos estrangeiros do programa Mais Médicos. Esse contingente de profissionais garante atendimento a 35 milhões de pessoas, justamente as parcelas mais vulneráveis da população brasileira: moradores de periferias das capitais, de cidades do interior, de regiões de fronteira, de áreas indígenas ou quilombolas etc.

O ministro, recordista em bizarrices, idiotices e reacionarismos, informou ainda que quer envolver as igrejas na formulação de uma política sobre a questão do aborto. Não é preciso bola de cristal para prever o que virá por aí.

Também nos primeiros dias do golpista Temer, o novo ministro das Cidades, Bruno Araújo, revogou a decisão de construir 11.250 casas do programa Minha Casa Minha Vida.

O ministro do Desenvolvimento Social, Osmar Terra, não ficou atrás e anunciou um corte de 10% dos beneficiados no Bolsa Família.

Já o titular da pasta da Educação, Mendonça Filho, defendeu a cobrança de mensalidades nas universidades públicas. E, para espanto generalizado, recebeu em seu gabinete uma figura como Alexandre Frota, conhecida pelo grande público não exatamente por sua capacidade intelectual, para ouvir dele sugestões.

Enquanto isso, o ministro da Fazenda, Henrique Meirelles, quer mudar as regras da aposentadoria, exigindo um tempo maior de contribuição para o INSS e 65 anos como idade mínima para a aposentadoria. Num país com as desigualdades do Brasil, isso significa que, por exemplo, no estado de Alagoas, onde a média de vida é de 65,8 anos, a maior parte das pessoas não vai se aposentar, terá que trabalhar até morrer. Registre-se que Michel Temer aposentou-se como procurador em São Paulo com 55 anos de idade.

O titular da pasta do Trabalho, Ronaldo Nogueira, cujo maior atributo para ter se tornado ministro é ser pastor da Assembleia de Deus, anunciou a "flexibilização" da legislação trabalhista. Defendeu também a possibilidade de as empresas terceirizarem a contratação de empregados, mesmo nas atividades-fim — outra tragédia para os trabalhadores.

O ministro da Justiça, Alexandre de Moraes, que tem no seu currículo ter sido advogado do Primeiro Comando da Capital (PCC), um grupo criminoso de São Paulo, e do indefectível Eduardo Cunha, advertiu que tratará manifestações de rua do movimento popular como "guerrilha".

Outros dois expoentes da "turminha braba", Henrique Eduardo Alves (Turismo) e Geddel Vieira Lima (Secretaria de Governo), já defendem abertamente a legalização do jogo.

O líder do governo na Câmara, André Moura (PSC-SE), também ligado a Eduardo Cunha, como não é ministro, não teve o que anunciar como medida de governo, a não ser o compromisso de lutar pela aprovação das barbaridades no Congresso. Mas é réu em três ações penais no STF por crimes como apropriação indébita, desvio, formação de quadrilha, improbidade administrativa, peculato e outros. É, também, investigado por tentativa de homicídio e fraude à Lei de Licitações.

Nesse contexto, a frase de Michel Temer num discurso exaltado em que chegou a dar um soco na mesa foi prato cheio para galhofa nas redes sociais: "Não sou coitadinho e sei lidar com bandidos", disse ele. Vamos deixar de lado a garantia de que não é "coitadinho", embora a sabedoria popular garanta que quem dá soco na mesa e diz "quem manda sou eu" já não está mandando muito... Mas na sua frase, Temer se referia ao fato de ter sido secretário de Segurança em São Paulo. Seus adversários ironizaram, identificando como "bandidos" não aqueles que ele dizia ter combatido quando era chefe da polícia, mas membros de sua equipe, a essa altura repleta de figuras sob suspeita.

A maior parte das medidas anunciadas pelos novos ministros está prevista no tal programa Uma Ponte para o Futuro, anunciado pelo inacreditável Moreira Franco como uma espécie de programa de governo Michel Temer. Algumas, como a "flexibilização" da legislação trabalhista, significam simplesmente um retrocesso à República Velha. Com a prevalência do que for negociado entre sindicatos de patrões e empregados sobre o que prevê a legislação, na prática acaba a CLT. Uma assembleia de trabalhadores (sabe-se lá com que representatividade, conduzida sabe-se lá por que pelegos, movidos sabe-se lá por quais interesses, e pressionada sabe-se lá de que forma pelo fantasma do desemprego) poderá, por exemplo, abrir mão de direitos hoje assegurados em lei.

Isso, em nome da "livre negociação".

Ora, livre negociação sempre existiu. Mas a legislação trabalhista garante um patamar mínimo, a partir do qual ela se dá. Daí para cima, qualquer acordo é válido, mas um acordo em que os trabalhadores percam direito a férias, salário mínimo, aviso prévio, FGTS, jornada de trabalho de oito horas e outros tantos direitos previstos em lei é simplesmente nulo. Pois, se a "turminha braba" conseguir aprovar a sua proposta, não mais será.

Outro ponto do Uma Ponte para o Futuro é o fim da vinculação entre o salário mínimo e os benefícios previdenciários. Não é preciso dizer que isso vai achatar ainda mais os vencimentos de aposentados e pensionistas.

O salário mínimo também não será mais calculado pela fórmula atual, que combina inflação com crescimento do PIB. Esse método garantiu o crescimento de seu poder de compra nos últimos anos e assegura, ao menos, que ele não terá seu valor real diminuído.

A atual vinculação de receitas para saúde e educação, prevista na Constituição, que garante um percentual mínimo de investimento para esses setores, também desapareceria se depender do governo do golpista.

"Vamos privatizar tudo o que ainda for possível", promete (ou, talvez, seria melhor dizer ameaça) o ministro responsável maior pelo desmonte do que ainda resta do Estado, Moreira Franco.

Acabaria o regime de partilha no pré-sal, acelerando-se a entrega dessa riqueza às multinacionais.

Enfim, como se vê, o tal Uma Ponte para o Futuro está mais para uma ponte para o passado.

Em nome da modernidade...

P.S. 1 — Este artigo já estava escrito quando veio à tona a gravação de um diálogo de Romero Jucá, um dos expoentes da "turminha braba" de Michel Temer, com Sérgio Machado, ex-presidente da Transpetro, indicado para aquela subsidiária da Petrobras por Renan Calheiros. Jucá e Machado articulam abertamente a derrubada de Dilma para que seja interrompida a Operação Lava-Jato. "Tem que resolver essa porra. Tem que mudar o governo para estancar essa sangria. A gente precisa articular uma ação política", diz Jucá, que, em seguida, orienta Machado a procurar Renan e José Sarney — outros próceres da "turminha braba". No diálogo é dito que já tinha havido articulações com ministros do STF, ainda que nomes não tenham sido citados. Com a divulgação da conversa, Jucá recebeu manifestações de solidariedade de Temer, mas ficou numa situação insustentável. Teve que renunciar. Por ocasião do diálogo, ele não sabia que seu interlocutor já havia negociado uma delação premiada e estava com um gravador. Não tinha em mente a possibilidade de que Machado descumprisse algo que, já no século XVII, o padre Antônio Vieira (1608-1697) pregava: "Até no interior de uma quadrilha de malfeitores é necessário um mínimo de ética."

P.S. 2 — Depois da gravação envolvendo Jucá, e poucos dias antes da entrega dos originais à editora, apareceram outras, do mesmo Sérgio Machado, com Sarney e com Renan. Têm teor semelhante à que comprometeu Jucá.

P.S. 3 — Na véspera da entrega dos originais, nova gravação comprometeu mais um ministro, Fabiano Silveira. Ele aparece orientando Renan a como se comportar para não ser implicado pela Lava-Jato. O nome de sua pasta? Transparência, Fiscalização e Controle, a antiga Controladoria-Geral da União. Parece brincadeira. Diante do acontecido, todos os funcionários que ocupavam cargos de direção e de chefia no órgão entregaram os cargos. No início da noite, o ministro fez uma carta de exoneração. Enfim, pelo visto só mesmo recorrendo ao Bardahl para conter essa "turminha braba"...

Aprendizes de feiticeiro

Texto publicado no jornal O Dia *em 27/5/2016, menos de duas semanas depois de Michel Temer ter sido empossado na Presidência. Ele avalia a situação política e conclui que o quadro se mostrou muito mais difícil para os golpistas do que eles imaginavam.*

DEVE TER GOLPISTA se perguntando se não teria sido melhor deixar que Dilma Rousseff sangrasse na Presidência até 2018.

Em 15 dias o governo Michel Temer já faz água. As bobagens ditas pelos novos ministros se sucedem. Um deles recebeu o ator de filmes pornô Alexandre Frota, um perfeito idiota, que lhe levou sugestões para a Educação. Inacreditável.

Quem acreditou que não haveria retrocesso ou ataque aos direitos sociais caiu do cavalo.

Domingo passado houve manifestações nas principais cidades. No Rio, uma passeata tomou o Centro. Em São Paulo, milhares de pessoas foram até a casa de Temer. Barrados pela polícia, acamparam numa praça e, de madrugada, foram atacados pela Tropa de Choque da PM.

Não bastasse isso, veio a público conversa gravada entre o ministro do Planejamento, Romero Jucá, prócer da "turminha braba" de Temer, e Sérgio Machado, ex-presidente da Transpetro e homem do presidente do Senado, Renan Calheiros. Os dois concordam em que o impeachment de Dilma era essencial para barrar a Operação Lava-Jato — preocupação de nove entre dez políticos em Brasília.

"Tem que resolver essa porra. Tem que mudar o governo para estancar essa sangria", afirma Jucá. Machado concorda, dizendo ser preciso "uma coisa política e rápida". Maior confissão do golpe, impossível.

Coisa semelhante surgiu de outras conversas gravadas, de Machado com o inqualificável José Sarney e com o próprio Renan.

A essa altura, algumas conclusões se impõem.

1) As manifestações pelo "Fora Temer" mostram que a sociedade tem vitalidade. Deveriam servir para a reflexão dos que viam como único caminho para um governo do PT entregar a economia ao PSDB e sentar-se no colo da gangue que dirige o PMDB.
2) É possível que Temer não consiga se firmar até dezembro. Haverá, então, nova eleição presidencial, num quadro de desmoralização da direita.
3) Se Temer chegar a janeiro de 2017 mas não se aguentar até 2018, o Congresso escolhe o sucessor de forma indireta. Este assumirá com a mesma falta de legitimidade. E, ninguém duvide: será reeditada a campanha das diretas já.
4) Se Temer completar o mandato, em 2018 estará tão desgastado que vai ter gente com saudade dos (péssimos) governos do PT.

Os aprendizes de feiticeiro têm razões para estar mesmo arrependidos do golpe.

Uma sociedade de classes

Editorial lido no programa de rádio Faixa Livre *em 7/11/2014. Ele versa sobre os privilégios de classe e, em particular, sobre a diferença de tratamento dado a participantes de ocupações de espaços urbanos, dependendo do caráter de classe dos ocupantes.*

QUE O CARÁTER de classe de nossa sociedade salta aos olhos a cada dia, mostrando a sua perversidade, ninguém discute. Temos comentado aqui no *Faixa Livre* o episódio da funcionária do Detran condenada a indenizar um juiz que não aceitava ter o carro rebocado numa Operação Lei Seca, apesar de estar circulando sem placa e sem documentos, e ter tido a carteira de habilitação apreendida por ter sido punido com a perda de 28 pontos. O pecado da funcionária foi ter dito que o cidadão em questão podia ser juiz, mas não era deus.

Foi o que bastou para que o magistrado a processasse por desacato a autoridade. O caso foi a julgamento pelo Judiciário — essa pérola de corporativismo — e a funcionária foi condenada a pagar uma multa de R$ 5 mil ao juiz.

A dura verdade é a seguinte: acontecimentos que mostram o caráter de classe de nossa sociedade se multiplicam e causam revoltam àqueles que insistem em exigir que sejamos, de fato, uma república, na qual todos são iguais perante a lei.

O mesmo caráter de classe da sociedade se manifesta quando se trata da ocupação de espaços públicos ou privados ociosos, por famílias que não têm um teto para morar ou que não conseguem mais arcar com os custos crescentes de aluguéis, mesmo em favelas.

É evidente que a precariedade das políticas públicas de construção de moradias para a população de baixa renda está na origem das ocupações. Classificar de aproveitadoras pessoas que se prestam a levar filhos pequenos e seus poucos pertences para áreas ocupadas, sabendo que poderão ser desalojadas com truculência pela polícia, é, no mínimo, insensibilidade social. Quando não é má-fé mesmo.

No Rio, em julho passado, tivemos a desocupação de um terreno da Oi no bairro do Engenho Novo, no Rio. Lá, há três meses, estavam cinco mil pessoas, muitas das quais mulheres e crianças.

As características da desocupação, levada a cabo pela tropa de choque da PM, falam por si só. Para começar, ela começou às 4h da manhã. Por que esse horário? Para que não haja testemunhas das violências policiais? Por que não cumprir a ordem judicial de reintegração de posse à luz do dia, com acompanhamento do Ministério Público, da Defensoria Pública e de assistentes sociais? Depois, é razoável usar balas de borracha, *sprays* de pimenta e bombas de gás lacrimogêneo contra mães e crianças de colo?

Como explicar a presteza da Justiça ao determinar a reintegração de posse de uma área que estava abandonada e cuja existência só foi lembrada depois de ocupada por pessoas carentes?

Pois tudo isso foi feito em nome da defesa do direito de propriedade. Com o apoio da grande imprensa.

O dispositivo da Constituição que estabelece função social para a propriedade foi esquecido, como é comum acontecer. Vira letra morta. O fato de que o terreno da Oi estava abandonado há 20 anos não foi levado em conta. Mas, logo que ele foi ocupado, houve o pedido de reintegração de posse e a Justiça — tão lerda na maioria dos casos — determinou a toque de caixa a desocupação do local, imediatamente efetuada pela polícia com a truculência costumeira.

Em São Paulo, ocupações têm acontecido ainda com mais frequência do que no Rio. Lá foi criado o Movimento dos Trabalhadores Sem Teto (MTST), que ganhou força e angariou razoável apoio na sociedade.

Seu principal dirigente, Guilherme Boulos, publicou um sugestivo artigo no jornal *Folha de S.Paulo* do dia 28 de agosto último, no qual discute as ocupações — as feitas por gente pobre e as efetuadas por gente rica — e bota o dedo na ferida, mostrando o caráter de classe que vigora quando o assunto entra em pauta.

Diz Boulos em seu artigo:

> Apenas na cidade de São Paulo, as áreas públicas invadidas ou com concessão de uso irregular para a iniciativa privada representam mais de R$ 600 milhões de prejuízo anual para o poder público.

Ele cita alguns invasores com recursos, trazendo informações que são de estarrecer: os clubes Pinheiro, Ipê, Esperia, Paineira do Morumbi e Alto dos Pinheiros, todos de gente rica, estão em áreas não regularizadas. Mais: Círculo Militar de São Paulo e Clube dos Oficiais da Polícia Militar também estão. E, lembremo-nos: é a PM que desocupa violentamente as áreas ocupadas pela população de baixa renda.

A lista de Boulos sobre ocupações irregulares, apresentada no artigo, não para por aí: os shoppings Continental, Eldorado e Center Norte, além das agências do Bradesco na Praça Pan-Americana e no Butantã estão nela.

Os supermercados Pão de Açúcar, também na Praça Pan-Americana, e Extra, na Avenida Juscelino Kubitschek, também estão em situação irregular, assim como as faculdades privadas Unisa e Unip Anchieta. E — pasmem! — a cessão do uso do terreno ocupado pela Associação Paulista dos Magistrados, no bairro nobre do Ibirapuera, também tem irregularidades.

Boulos então pergunta, cheio de razão: "Não vai ter bala de borracha nos ilustríssimos juízes?"

E conclui: "Querem defender o direito à propriedade acima do direito à vida? Defendam, mas sejam ao menos coerentes. Despejem primeiro bancos, supermercados, shoppings e clubes em áreas públicas para depois virem falar da legitimidade de despejar trabalhadores sem teto."

Como não lhe dar razão?

O que é ser de esquerda hoje?

Texto redigido em março de 2016 para ser usado na formação política de militantes da Unidade Socialista, corrente interna do PSol.

A PARTIR DO momento em que, milênios atrás, comunidades primitivas de seres humanos começaram a dominar técnicas de agricultura, foram criadas condições para que houvesse algum excedente de alimentos, o que não acontecia no tempo em que os homens eram apenas caçadores e coletores. Isso propiciou a possibilidade de apropriação desse excedente por uma parcela do grupo. Surgiu a questão: quem se apropriaria do excedente?

O fato é que a situação começou a dar as bases materiais para a existência de classes sociais.

De lá para cá, a existência de classes e a disputa entre elas marcaram as diferentes sociedades da espécie humana.

Os termos esquerda e direita, no entanto, surgiram na política muitos séculos depois, com a Revolução de 1789, que pôs fim ao regime feudal na França. Derrubada a nobreza, surgiram duros conflitos no seio dos grupos e classes sociais que apoiaram e foram protagonistas da revolução.

Esses grupos estavam representados na Assembleia Nacional, criada pelo novo regime. De um lado havia os representantes da burguesia, segmento que, com a queda da nobreza, viria a se tornar a nova classe dominante. Ela desejava uma estabilização do quadro político e social. Já estava satisfeita com o fato de a nobreza ter sido deslocada do poder. Seu objetivo era estancar as mudanças (e, em alguns casos, até mesmo anulá-las parcialmente).

Mas havia também representantes de segmentos sociais empobrecidos, que estavam mais radicalizados. Estes queriam aprofundar as mudanças, avançando na implantação de medidas que contribuíssem para diminuir as diferenças sociais e aumentassem os direitos e espaços democráticos para toda a população.

Na Assembleia Nacional, os primeiros — representantes da burguesia — costumavam sentar-se à direita. Seus adversários ocupavam os lugares à esquerda.

A partir daí, ao longo dos séculos subsequentes as duas expressões — direita e esquerda — incorporaram-se ao vocabulário político, ganhando um significado universal.

Numa definição simplificada, diz-se que quem é de esquerda pretende a redução ou a eliminação das desigualdades sociais. Já quem é de direita pretende conservar o *status quo* (caso dos conservadores), ou mesmo retroceder, retirando direitos políticos já conquistados e aprofundando ainda mais as diferenças sociais (caso dos reacionários).

Com o correr dos tempos, direita e esquerda ganharam diferentes facetas, próprias da história e das características de cada país. Mas mantiveram os traços básicos definidores de sua natureza. Uns queriam conservar ou retirar direitos sociais; outros queriam ampliá-los.

Com a Revolução Industrial, ocorrida a partir da segunda metade do século XVIII, e a incorporação de máquinas no processo de produção, o capitalismo ganhou nova face e surgiu também uma classe operária numerosa e superexplorada. Isso deu margem ao desenvolvimento de importantes correntes de natureza socialista.

Ao longo dos séculos XIX e XX, a maioria da esquerda organizou-se em torno de propostas socialistas, que questionavam o modo capitalista de produção, ainda que houvesse diferenças entre elas. As correntes mais importantes tinham como referência as posições formuladas na segunda metade do século XIX por Karl Marx e Friedrich Engels, dois intelectuais e ativistas políticos alemães, até hoje considerados os principais pensadores da esquerda.

Marx e Engels tiveram participação prática na formação de organizações internacionais de trabalhadores, mas suas principais contribuições foram no plano teórico. É de Marx *O capital*, obra fundamental para a compreensão do capitalismo e de suas mazelas.

Apesar de sua importância, porém, é importante ter presente que o livro não pode ser visto como uma bíblia sagrada. Escrito na segunda metade do século XIX, não poderia prever um conjunto de mudanças e desdobramentos das sociedades capitalistas ao longo de décadas e séculos posteriores. E nem acertar todas as suas previsões — o que é natural.

Um exemplo: em *O capital*, Marx prevê que as sociedades capitalistas cada vez mais se dividiriam entre os integrantes da classe operária, em quantidade crescente, e a burguesia, composta por um pequeno número de proprietários dos meios de produção. Por um conjunto de fatores, não foi o que aconteceu. Sem perder sua característica básica de exploração do homem pelo homem, as sociedades capitalistas tornaram-se muito mais complexas.

Com a eclosão da Primeira Guerra Mundial (1914-1918) — uma guerra que tinha como objetivo, de ambos os lados, a disputa por territórios e colônias —, o movimento dos trabalhadores se dividiu de forma drástica. A maioria dos sociais-democratas (denominação adotada na época por quase todos os partidos de inclinação socialista) acabou se alinhando com as burguesias de seus países e, de uma forma ou de outra, endossou objetivos imperialistas. O sentimento nacionalista estreito prevaleceu sobre uma perspectiva de classe mais ampla e um sentimento de justiça social.

Assim, se na Segunda Guerra Mundial (1939-1945) pode ser dito que, apesar dos pesares e de crimes cometidos por ambos os blocos, havia um lado progressista — o que se opôs ao nazifascismo e seus aliados —, na Primeira Guerra isso não ocorria. Era um filme sem mocinhos. Todos eram vilões.

Nesse quadro ganhou destaque a figura de Vladimir Lênin, líder de uma facção (denominada Bolchevique) do Partido Social-democrata Russo. Ele rompeu com os defensores do apoio à guerra, defendendo a paz imediata sem anexações de territórios, nem indenizações. Pregou a transformação da guerra imperialista em revoluções socialistas, prevendo que o conflito mundial desorganizaria a dominação burguesa, abrindo possibilidades para o êxito da luta anticapitalista em vários países.

A história demonstrou que Lênin tinha razão. Aconteceu a revolução russa em 1917 e em outros países houve possibilidades revolucionárias reais, que, no entanto, acabaram não redundando na derrota da burguesia.

Para diferenciar-se da ala da social-democracia que tinha apoiado a guerra, Lênin adotou o nome de comunista para seu partido. E estimulou a criação de correntes comunistas nos demais países, para que elas também não se confundissem com a social-democracia. Foram criadas, então, essas duas vertentes distintas no movimento dos trabalhadores no plano internacional.

Ao longo do tempo, o desdobramento de cada uma dessas correntes — tanto dos comunistas, como dos sociais-democratas — não se deu sem diferenças internas.

Entre os comunistas, além do bloco majoritário, identificado durante décadas com o regime instaurado na União Soviética, surgiram correntes trotskistas (seguidores de Leon Trotski, um dos líderes da revolução russa, marginalizado depois da morte de Lênin e, posteriormente, assassinado a mando de Stalin) e, a partir da revolução chinesa, em 1949, desenvolveu-se uma corrente maoista (seguidores de Mao-Tsé-Tung, líder máximo da revolução chinesa). Isso, sem falar em experiências de esquerda que não se enquadraram exatamente no campo do comunismo, como o anarquismo, que desde a época de Marx existia, e embora enfraquecido não desapareceu.

Os regimes identificados com a União Soviética e os países do Leste Europeu transformaram-se em ditaduras burocráticas, dominadas por castas privilegiadas. Se é verdade que a URSS jogou um papel fundamental na derrota do nazifascismo e, em alguma medida, tanto lá, como nos regimes do Leste Europeu, determinadas necessidades básicas da população foram até certo ponto atendidas, passou longe nesses países a construção de sociedades socialistas democráticas. O regime de partido único, a supressão do debate político e a onipresença das polícias políticas foram comuns a quase todos eles, criando condições propícias para o aparecimento e a consolidação de uma casta burocrática dirigente.

Demonstração da fragilidade política e ideológica desses "socialismos", tanto na URSS como no Leste Europeu, foi o fato de que, no fim do século XX, o chamado bloco socialista se desfez e os países que o compunham voltaram praticamente todos ao capitalismo. Em alguns casos, dominados por máfias vinculadas a dirigentes do período anterior.

Há, claro, o exemplo de Cuba, que merece respeito pela resistência anti-imperialista e pelas conquistas sociais nos planos de saúde, educação e proteção à infância. Mas mesmo ela não pode ser apontada como modelo de uma sociedade socialista.

Também a social-democracia não manteve um único perfil. Na Suécia e em alguns países do Norte da Europa, por exemplo, se não se caminhou no sentido do socialismo, foram construídas sociedades em que os direitos básicos das pessoas são razoavelmente atendidos. Os ricos foram fortemente taxados e os impostos que eles pagam garantiram um nível de vida e uma oferta de serviços fundamentais de bom nível a toda a população.

Mas a maior parte dos partidos social-democratas acabou funcionando como linha auxiliar do grande capital e promovendo abertamente políticas de seu interesse. É, por exemplo, o caso de Grã-Bretanha, Espanha, Itália e Alemanha.

Características próprias da história de determinados países fizeram surgir ainda correntes outras que, fugindo dessa dicotomia entre comunistas e sociais-democratas, tiveram um caráter progressista. Em alguns casos, até de esquerda — apesar de seus elementos contraditórios. Foram os casos do peronismo, na Argentina, e do trabalhismo, no Brasil.

No nosso país, a tendência trabalhista — inaugurada por Getúlio Vargas e que prosseguiu sob as lideranças de João Goulart e Leonel Brizola — foi a mais importante corrente progressista no século XX. Foi uma vertente que, apesar de contradições (Vargas chegou a flertar com o nazifascismo e implantou a ditadura direitista do Estado Novo, entre 1937 e 1945), no contexto geral, foi favorável aos trabalhadores. Pode inclusive ser caracterizada como de esquerda no último governo Vargas (1951-1954) e, em particular depois, nos períodos em que esteve encabeçada por João Goulart e Leonel Brizola.

Depois da morte de Brizola, porém, o trabalhismo foi capturado por oportunistas e fisiológicos. Hoje já não pode mais ser caracterizado como uma corrente sequer progressista, muito menos de esquerda.

Na América Latina tivemos recentemente a criação das autodenominadas correntes bolivarianas — na Venezuela, na Bolívia e no

Equador. Elas tomaram medidas anti-imperialistas, de distribuição de renda e de reconhecimento de direitos das camadas populares, alargando os espaços democráticos e populares.

Em que pesem erros e algumas derrotas recentes, essas correntes devem ser vistas como expressões de esquerda e defensoras da construção de sociedades mais justas e fraternas.

No Brasil, o PT despertou enormes esperanças quando se construiu e tornou-se um partido de esquerda forte, representativo e combativo. Nos anos 1980, a ditadura tinha chegado ao fim, as classes dominantes estavam desunidas, sem iniciativa política e sem um projeto claro. Por sua vez, o movimento popular vivia uma situação de crescimento. Mas, apesar de condições favoráveis para avançar, o PT acabou se rendendo ao grande capital e adotando em linhas gerais a sua política. Ademais, viu parte de seus dirigentes enveredarem por um processo de enriquecimento pessoal, o que causou enorme desgaste não só para aquele partido, como para a esquerda em geral.

Se, apesar das melhorias que trouxe no plano social, os dois governos Lula não podem ser considerados "de esquerda", hoje o governo Dilma é inequivocamente de direita. Todas as suas principais políticas são conservadoras.

Mas fica a pergunta: o que caracterizaria a esquerda, hoje, no Brasil? Sem o intuito de encerrar o debate, e sim com o objetivo de lançar alguns parâmetros, a defesa das posições arroladas abaixo poderia caracterizar uma corrente como de esquerda, na atual conjuntura. Elas são, entre outras:

1. Uma reforma política que impeça a influência do poder econômico nos processos eleitorais;
2. A reforma agrária;
3. Uma reforma urbana, que combata a especulação imobiliária e aumente a oferta de moradia;

4. A democratização dos meios de comunicação, em especial os eletrônicos, que funcionam por concessão do poder público;
5. Uma reforma tributária que faça com que os ricos arquem com a maior carga de impostos, e não, como atualmente, as camadas mais pobres;
6. Uma política econômica que deixe de privilegiar os lucros dos bancos, reduza drasticamente os juros pagos aos investidores na dívida pública, golpeando os interesses dos rentistas, e permita fortes investimentos do governo no crescimento econômico e na criação de empregos;
7. Uma política de valorização dos serviços públicos essenciais, como saúde, educação e segurança, voltando para eles vultosos recursos, de forma a que se tornem de excelência;
8. Uma política anti-imperialista e de defesa das riquezas nacionais;
9. A defesa do meio ambiente, não permitindo que interesses do capital pautem as políticas nesse campo;
10. A luta contra todo tipo de discriminação, seja racial, seja de gênero, seja de orientação sexual.

Haveria outros pontos que poderiam ser arrolados, mas, sem dúvida, na conjuntura que vivemos estes são os mais importantes.

Evidentemente, para os socialistas, as questões arroladas acima não podem ser pontos de chegada, objetivos definitivos, mas no quadro do Brasil de hoje elas permitiriam uma acumulação de forças dos trabalhadores que poderia levar à conquista de objetivos mais avançados.

E que partidos e correntes políticas seriam de esquerda hoje no Brasil? Poderiam se caracterizados como de esquerda partidos como o PSol, o PCB e o PSTU (mesmo que os dois últimos sejam marcados por um doutrinarismo esquerdista que impede que influam efetivamente na luta política). Além disso, há segmentos de esquerda filiados a outras legendas (PT, PCdoB, PDT) ou mesmo sem filiação partidária.

Por fim, é preciso reafirmar algo.

Há quem diga que, com a queda do muro de Berlim e o fim do campo socialista, teriam perdido o sentido as expressões direita e esquerda. Mas, nada mais falso.

Enquanto houver desigualdades sociais, haverá quem lute contra elas e, do outro lado, haverá quem se esforce para mantê-las. Os primeiros serão de esquerda. Seus opositores, de direita.

Não à toa quem afirma que não existe mais direita e esquerda é — com toda certeza — de direita.

Só a esta última interessa difundir a conversa fiada de que, de agora em diante, não haverá mais transformações sociais expressivas. Isso já foi tentado outras vezes. E desmentido pela própria vida mais adiante.

Afinal, nada mais cômodo para quem quer conservar o *status quo* do que tentar pôr um ponto final na história.

Toda luta deve ser apoiada?
Toda forma de luta deve ser apoiada?

Artigo inédito, escrito em maio de 2016 especialmente para esta coletânea, tratando de questões polêmicas na esquerda. Toda luta de trabalhadores deve ser apoiada? Toda forma de luta adotada pelos trabalhadores deve ser apoiada? Ele defende a tese de que uma abordagem corajosa dessas questões é vital para que a esquerda seja respeitada e dispute a hegemonia na sociedade.

UM PARTIDO DE esquerda deve apoiar toda e qualquer luta dos trabalhadores?

Um partido de esquerda deve apoiar toda e qualquer forma de luta adotada pelos trabalhadores?

Um partido de esquerda ou um governo de esquerda devem avaliar uma luta de trabalhadores com a mesma ótica de um sindicato?

A resposta é não, nos três casos.

Vamos retroceder no tempo e tomar um exemplo.

No início do século XX, entre os dias 10 e 16 de novembro de 1904, a chamada Revolta da Vacina deixou a cidade do Rio de Janeiro de cabeça para baixo. A campanha generalizada de vacinação, uma iniciativa do sanitarista Oswaldo Cruz, foi desencadeada de forma autoritária e sem que houvesse um trabalho de esclarecimento à sociedade. A população não conhecia o que era a vacina, nem os benefícios que ela trazia. Em alguns casos, agentes sanitários, acompanhados de policiais, entravam à força nas casas para vacinar as pessoas, o que só fez aumentar a revolta.

Na sua edição de 14 de novembro de 1904, a *Gazeta de Notícias* publicou um relato da situação:

> Tiros, brigas, engarrafamento de trânsito, comércio fechado, transporte público assaltado e queimado, lampiões quebrados às pedradas, destruição de fachadas dos edifícios públicos e privados, árvores derrubadas: o povo do Rio de Janeiro se revolta contra o projeto de vacinação obrigatório proposto pelo sanitarista Oswaldo Cruz.

A rebelião fez o governo suspender a campanha de vacinação e declarar estado de sítio. Houve 30 mortos e 110 feridos. Centenas de presos foram levados para um exílio interno no Acre.

Posteriormente, já com a situação controlada, a campanha de vacinação recomeçou, precedida de esclarecimentos à população, e a varíola foi erradicada da cidade.

Apesar de compreensível, a revolta popular não deveria ter sido apoiada, ainda que, claro, o autoritarismo do governo merecesse duras críticas.

Pois bem, nos dias de hoje há também lutas de trabalhadores que não devem ser apoiadas.

Tomemos um exemplo recente. O Sindicato dos Metalúrgicos do ABC — vanguarda do movimento operário brasileiro e protagonista das melhores tradições de luta no fim da ditadura — reivindicou a diminuição do Imposto sobre Produtos Industrializados (IPI) cobrado das multinacionais montadoras de carros. E por que isso? É que os patrões tinham condicionado a concessão de um reajuste salarial a essa isenção fiscal. Formou-se, então, uma aliança entre o sindicato dos trabalhadores e o dos patrões para pressionar o governo do PT, que cedeu.

A esquerda deveria apoiar a isenção fiscal para aquelas indústrias, retirando recursos públicos que poderiam ter ido para educação, saúde e outros fins sociais, mesmo que isso fosse condição para o aumento de salário dos metalúrgicos? Penso que não.

Neste exemplo vê-se, de forma flagrante, um componente muitas vezes presente em lutas sindicais: o corporativismo. Ele põe em primeiro plano os interesses de determinado grupo, em detrimento das necessidades gerais da sociedade.

Assim, não se deve subordinar de forma automática as posições de um partido ou de um governo de esquerda às posições de sindicatos, mesmo que estes sejam combativos.

No caso de servidores públicos — em geral mal remunerados e com justas reivindicações — há lutas justas por reajustes. Mas, às vezes, se forem somadas as pretensões salariais de várias categorias de servidores, o total dos gastos ultrapassa 100% do orçamento da prefeitura ou do estado. É o caso de se apoiar automaticamente essas reivindicações?

Não será mais razoável, em tempos de internet, exigir a abertura das contas públicas e, a partir daí, ter um debate aberto sobre prioridades no uso dos recursos?

Aliás, independentemente de eventuais impasses por conta de reivindicações salariais de servidores, deve ser reivindicada sempre a abertura das contas (e isso é mais do que a apresentação da peça orçamentária, fria e hermética, aprovada pelos legislativos correspondentes). Recentemente, durante uma greve de professores em Macapá, o prefeito Clécio Luiz forneceu aos sindicatos dos servidores todas as senhas para amplo acesso às contas do município. Isso deveria ser praxe, não uma medida tomada sob pressão, a partir de um impasse na luta salarial. A transparência é elemento fundamental numa democracia.

Mas não basta refletir sobre as lutas em si. É preciso um debate, também, sobre as formas de luta utilizadas.

Desde os primórdios do movimento operário, a greve mostrou-se uma eficiente ferramenta para pressionar os patrões: ao cruzarem os braços, os trabalhadores impõem prejuízos aos donos das empresas, forçando-os a negociar. Assim é até hoje.

Mas há greves e greves.

Paralisações por tempo indeterminado, feitas por funcionários públicos que prestam serviços diretamente para a população, acabam prejudicando os usuários dos serviços. E nem sempre pressionam eficazmente os governantes.

Veja-se que não está em debate a realização de um ou dois dias de paralisação, à guisa de advertência. O que se discute é a conveniência de certas greves por tempo indeterminado.

Claro que não se trata de tentar impedir por lei ou pela força o exercício do direito de greve. Ele é sagrado e deve ser mantido. Tampouco são aceitáveis represálias — como punições, transferências de funcionários grevistas ou coisas do tipo.

Mas cabe aos servidores conscientes e aos partidos de esquerda compreenderem que essa forma de luta deve ser usada com parcimônia. E nem sempre é o que ocorre. Escolas e universidades públicas do Rio de Janeiro, por exemplo, têm greves longas, que muitas vezes duram meses. Elas serão a melhor forma de luta?

No caso dos trabalhadores da educação, por exemplo, mais eficaz seria que os sindicatos elaborassem cartilhas, sobre mazelas das administrações públicas, má distribuição dos recursos, gastos com publicidade para promoção dos governantes e outras questões, usando-as como material didático em parte das aulas. Essas cartilhas poderiam ser, também, distribuídas às famílias dos alunos. Certamente, formas de luta assim exerceriam uma pressão mais eficaz sobre os governantes do que a greve por tempo indeterminado, pura e simples. E teriam o apoio da população.

Da mesma forma, manifestações de rua feitas, por exemplo, a cada semana, renderiam mais politicamente do que uma greve entre quatro paredes, que não é percebida pela maioria da população, além de prejudicar quem precisa dos serviços públicos. Incomodariam muito mais os governantes.

Outro exemplo interessante veio recentemente da Argentina. Os trabalhadores da Saúde resolveram, como forma de denúncia da situação de trabalho precária, colocar as macas na rua, diante dos hospitais, e lá fazer o atendimento médico, para que a população acompanhasse o que estava acontecendo.

Enfim, com criatividade, há outras formas de luta, que não as greves por tempo indeterminado, passíveis de serem adotadas, com maior ganho para o movimento e menor custo para a população que usa os serviços públicos.

Deve se reconhecer que, no entanto, há casos, porém, em que a paralisação de servidores pressiona efetivamente os governantes. Por exemplo, uma greve dos trabalhadores da Receita, seja municipal, seja estadual, seja federal. Aí, sim, a greve é eficiente. Ela pesa nos cofres dos governantes.

Mas, com frequência, prefeitos ou governadores se lixam para a maioria das paralisações, que se estendem por meses. Claro que algum prejuízo político para as autoridades elas sempre trazem. Mas, quase sempre, depois de algum tempo a população acaba assumindo uma posição contrária ao movimento, que, por sua vez, prejudica principalmente o setor mais pobre da sociedade, que é quem depende da educação pública (porque não tem os filhos em escolas privadas), usa os postos de saúde e hospitais públicos (porque não tem planos de saúde privados) e necessita da Previdência Social (porque não tem previdência privada).

Como os servidores têm estabilidade no emprego (o que é necessário, para evitar que uma mudança de governo leve a demissões de funcionários e à contratação de apaniguados), muitas vezes se cria a seguinte situação: a greve se estende sem risco de demissões e com o pagamento dos dias parados, os governantes lavam as mãos e a população mais pobre é a prejudicada. Mais adiante, quando há ameaça de corte do ponto, a greve termina. Este é o script mais comum.

Há coisa de uns cinco ou seis anos houve uma greve de serventuários da Justiça estadual no Rio que é emblemática dessa situação. Ela se estendeu por mais de um mês e criou uma situação dramática: mulheres que precisavam da expedição de um alvará de soltura para um marido ou um filho preso ou doentes que precisavam de uma decisão liminar contra um plano de saúde que se recusava a pagar determinado procedimento médico encontravam os fóruns fechados. Enquanto isso, os governantes lavavam as mãos.

Para piorar o quadro — mas numa demonstração de falta de sensibilidade —, o sindicato dos trabalhadores promoveu churrascos, com rodas de samba e cerveja nos piquetes na porta de alguns fóruns. E postava fotos desses "eventos" em seu site.

A luta dos serventuários de Justiça era justa, porque uma promessa do governador Sérgio Cabral tinha sido descumprida. Mas, até que ponto isso justificaria a greve por tempo indeterminado num setor tão vital para a população, ainda mais porque não pressionava efetivamente o governador? Não seria o caso de se buscarem formas alternativas?

À guisa de informação, registre-se que essa greve dos serventuários acabou no dia seguinte ao que o presidente do Tribunal de Justiça do Rio anunciou que deixaria de pagar os dias não trabalhados.

Outra forma de luta que merece uma reflexão crítica foi usada por determinados movimentos em protesto contra o golpe de Michel Temer e seus asseclas para retirar Dilma Rousseff da Presidência. Em vários locais, vias públicas, no perímetro urbano e fora dele, foram fechadas por um pequeno número de ativistas que queimavam pneus, interrompendo o tráfego. Ora, uma coisa é as pessoas terem seu direito de ir e vir prejudicado devido a uma manifestação massiva, com milhares de participantes. Isso tende a ser compreendido. Mas quando poucos ativistas interrompem o tráfego numa estrada durante horas é inteiramente diferente. Atos assim tendem a jogar a população contra o movimento. Mais atrapalham do que ajudam.

Levantar esse debate pode parecer antipático para alguns. E há sempre o risco de ser mal compreendido. Não faltará quem diga que trazer essas questões à baila é fazer o jogo da direita. Mas, ou a esquerda tem coragem para fazê-lo, ou ficará refém de corporativismos que, no fundo, não servem à luta dos trabalhadores, prejudicam a população e enfraquecem os serviços públicos.

A liberdade de expressão

Editorial lido no programa de rádio Faixa Livre *em 16/10/2015, criticando o monopólio das comunicações no Brasil e afirmando que a democratização da mídia é vital para que se tenha efetivamente uma democracia.*

OS PETISTAS COSTUMAM reclamar da grande imprensa. Muitas vezes com razão. Já os tucanos não reclamam. Para eles, não há o que criticar.

Assim, é de se compreender que Aécio não fale em regulamentar a mídia. Mas no caso do PT, é de se estranhar que Dilma tenha retirado do rol de suas propostas qualquer menção ao assunto, que, diga-se a bem da verdade, segmentos do partido quiseram inserir.

Por isso, fica difícil entender as reclamações dos petistas quando a parcialidade da mídia se faz presente e os prejudica.

O parágrafo 5º do artigo 220 da Constituição determina que os meios de comunicação não podem, direta ou indiretamente, ser objeto de monopólio ou oligopólio.

Enquanto isso, o que nos mostra a realidade?

Temos uma das maiores concentrações nos meios de comunicação em todo o mundo. Quatro ou cinco famílias controlam 80% de nossa mídia eletrônica.

Nossa legislação é das mais atrasadas do planeta. O Código Brasileiro das Telecomunicações, que rege o assunto, é de 1962. Na época não havia sequer TV em cores, quanto mais transmissões por satélite ou redes nacionais de televisão.

Mas há enorme resistência quando se fala em atualizar os dispositivos legais. O fantasma da censura é trazido por aqueles que querem deixar tudo como está, mesmo que isso não corresponda nem um pouco à realidade.

O inciso 1º do artigo 221 da Constituição diz que a preferência na radiodifusão deve ser dada a finalidades educativas, artísticas, culturais e informativas. Alguém acha que isso é cumprido?

O inciso 2º do mesmo artigo prega o estímulo à produção independente. Onde está ele?

A programação da nossa TV aberta passa longe do que determina a Constituição — o que temos no horário nobre da maior parte dos canais é pregação religiosa, venda de tapetes ou bijuterias e programas de baixíssimo nível.

Vamos deixar claro: os preceitos constitucionais não estão sendo seguidos pelos detentores das concessões de rádio e televisão no Brasil. Assim, a maioria das concessões — que, por lei, devem ser revistas periodicamente — não deveria ser renovada.

Isso nada tem a ver com censura de conteúdo veiculado.

Essa questão não é pouco importante. Da democratização dos meios de comunicação de massa depende o estabelecimento de uma verdadeira democracia.

No século XXI (e já mesmo antes, no século passado), liberdade de expressão não significa que alguém possa subir num poste e fazer um discurso defendendo suas ideias sem ser preso. Ou mesmo que possa fazer um comício em praça pública. Liberdade de expressão, hoje, é democracia no acesso aos meios eletrônicos de comunicação.

Rádio e TV são diferentes dos veículos impressos. Numa sociedade capitalista, qualquer um que tenha meios pode fundar um jornal ou uma revista. Não é assim com os meios eletrônicos. Por isso, rádio e TV funcionam por meio de concessões, distribuídas pelo Estado. Isso é inevitável por haver uma limitação natural para seu número. É assim no mundo inteiro.

A lei determina como devem ser usadas essas concessões (lembremo-nos do artigo 221 da Constituição, já citado, que trata das finalidades educativas, artísticas, culturais e informativas). E lembremo-nos, também, da proibição aos monopólios. Na prática, no Brasil esses dois preceitos são letra morta.

As concessões das principais repetidoras de TV, Brasil afora, estão nas mãos de políticos (o que é outra ilegalidade). Temos em vigor no país um verdadeiro coronelismo eletrônico — a versão moderna do antigo coronelismo vigente na República Velha.

Assim, a família de Antônio Carlos Magalhães é dona da repetidora da Globo na Bahia. Em Sergipe, é a família do ex-senador Albano Franco. Em Alagoas, é Collor. No Ceará, Tasso Jereissati. No Maranhão, Sarney. No Pará, Jader Barbalho. E por aí vai.

É preciso rever a distribuição dessas e de outras concessões quando seu prazo expirar (segundo a Constituição, elas são renovadas ou não a cada 15 anos), distribuindo-as de maneira mais ampla e democrática. O mesmo deve ser feito em relação às concessões de rádio, que, pela lei, devem ser revistas a cada dez anos.

Com isso se estará caminhando para uma efetiva democratização dos meios de comunicação eletrônicos, tornando o acesso a eles mais plural, e para um aperfeiçoamento da democracia.

E o que isso tem a ver com censura, como reclamam os tubarões da comunicação?

Nada.

Eles simplesmente acenam com o fantasma da censura para defender seus privilégios.

Política e religião

> *Editorial lido no programa* Faixa Livre *no dia 11/11/2014, em defesa de um Estado laico e criticando privilégios dados a igrejas.*

DOIS TEMAS IMPORTANTES na sociedade estiveram ausentes do segundo turno da eleição presidencial por receio dos dois candidatos de contrariar segmentos religiosos: aborto e casamento de pessoas do mesmo sexo.

Não são temas pouco importantes. No caso do aborto, estamos diante de uma das mais graves questões de saúde pública do país. E, dias antes da eleição, duas mulheres tinham morrido ao se submeterem aos verdadeiros açougueiros que exploram pessoas pobres e sem outra alternativa senão recorrer a eles para interromper uma gravidez não desejada.

No caso do casamento entre pessoas do mesmo sexo, ele permitiria o reconhecimento de uma realidade que ninguém, em sã consciência, pode negar. Existem famílias formadas por dois homens ou duas mulheres. O reconhecimento dessa realidade permitiria uma série de direitos para esses casais. Ela é uma realidade muito antiga na história da humanidade, como lembrou o presidente Pepe Mujica, do Uruguai, quando uma jovem repórter brasileira insinuou que ele encampava teses modernas, por defender a legalização do casamento entre gays: "Minha filha, você acha mesmo que isso é uma coisa moderna? Olhe para a Antiguidade."

Mas os compromissos dos candidatos Dilma Rousseff e Aécio Neves com os segmentos religiosos mais atrasados (ou o medo de desagradá-los) fizeram com que esses temas, tão importantes para a sociedade, ficassem fora do debate.

E por mais que, da boca para fora, os dois candidatos, Dilma Rousseff e Aécio Neves, reafirmassem a defesa de um caráter laico do Estado, se deixaram aprisionar por setores das igrejas — em especial de certas correntes evangélicas pentecostais, que tendem a ser as mais conservadoras.

Como se a legalização do aborto obrigasse alguém que fosse contrário a esse procedimento a realizá-lo ou a aceitação do casamento de pessoas do mesmo sexo obrigasse alguém a se casar com uma pessoa de seu sexo.

Muitos segmentos religiosos têm expressão numérica no Brasil e é legítimo que candidatos e partidos busquem interlocução com eles. Em tese esse movimento não é condenável. São parte da sociedade e do eleitorado. Acontece, porém, que muitas vezes, em vez de questionar posições retrógradas e contribuir para que esses segmentos avancem politicamente, os candidatos, no afã de agradá-los, incorporam o discurso dos pastores — que, em sua maioria, são reacionários. Então, a busca de interlocução tem como consequência um maior conservadorismo nas propostas, o que contamina a política em geral.

Já na eleição presidencial passada, em 2010, temas como direitos de gays e aborto tinham sido tratados de forma conservadora pelo mesmo motivo: a busca do voto evangélico. Ao longo da campanha, Dilma e José Serra fizeram concessões e passaram a encampar posições muitíssimo mais atrasadas do que as que tinham defendido anteriormente.

Este ano a coisa se repetiu.

Ora, a existência de um Estado laico é de fundamental importância para a garantia da liberdade religiosa e é a única forma de garantir essa liberdade para todos os credos. Não significa hostilidade à prática de qualquer religião. Pelo contrário. Só um Estado radicalmente laico é capaz de garantir a mais ampla liberdade religiosa. E, quando se trata de um país como o Brasil, com enorme diversidade de cultos e religiões, esse caráter laico do Estado é ainda mais importante.

Não há outra forma de tratar em igualdade de condições as várias correntes religiosas, senão retirando o Estado desse assunto e dando-lhe um único e importantíssimo papel: o de garantir a liberdade de culto.

Mas deveria haver outras consequências do fato de termos um Estado laico. Deveria ser proibido, por exemplo, que concessões de rádio ou TV pudessem ser usadas para proselitismo religioso. O que se vê, ao se ligar a maioria dos canais de TV abertos, é o contrário.

Serviços de saúde financiados por recursos públicos não deveriam ser misturados com atividades religiosas como parte do tratamento oferecido aos pacientes. E não é assim. Clínicas mantidas por igrejas evangélicas exigem que os pacientes participem de cultos. Já houve, até, denúncias de privação de alimentos para pacientes que não se dispusessem a tal.

Por outro lado, as igrejas — todas elas — deveriam pagar impostos, como qualquer pessoa ou instituição na sociedade. Não se justifica o privilégio existente. Chegamos a um ponto que prédios religiosos não pagam IPTU e automóveis em nome de igrejas estão isentos do pagamento do IPVA. Por que isso?

Por fim, um alerta. É legítimo que as igrejas trabalhem para que seus fiéis sigam os preceitos que determinam, mas não é legítimo que tentem estendê-los a toda a sociedade, afetando pessoas que não professam a sua crença.

Isso é autoritário e antidemocrático.

A questão do aborto

Editorial lido no programa de rádio Faixa Livre *no dia 14/10/2014. Ele defende a tese de que o aborto deve ser retirado da esfera criminal e tratado como questão de saúde pública.*

ONTEM, NO HORÁRIO de almoço, jovens pálidos, engravatados e que pareciam ter saído de catacumbas distribuíam panfletos contra a legalização do aborto no Centro do Rio. Seus estandartes lembravam os usados na Idade Média. Pela estética e também pelas ideias neles transcritas.

Não deixa de ser positivo esse episódio.

Num momento em que, por oportunismo eleitoral, os principais candidatos à Presidência da República — aí incluídos os dois que disputam o segundo turno, mas não só esses — tentam tapar o sol com a peneira e ignorar a questão do aborto para não perder o apoio de segmentos religiosos conservadores, o fato de jovens mauricinhos da Tradição, Família e Propriedade, a TFP, tratarem abertamente do tema ajuda a que ele não caia no esquecimento.

É uma pena que, nos debates na TV entre os candidatos, a nenhum deles ocorreu a lembrança de fazer uma pergunta mais ou menos assim:

"O senhor é a favor da criminalização do aborto. Pois bem, na sua opinião, a que pena deveria ser condenada a jovem Jandira,[2] caso ela não tivesse morrido na flor da idade ao tentar interromper uma gravidez indesejada e feito um aborto com verdadeiros açougueiros, em condições extremamente precárias?"

Teria sido interessante ver a resposta a essa pergunta.

As fotos de Jandira Madalena dos Santos, estampada nos principais jornais do país, não deixam dúvidas: a jovem, de 27 anos, era uma moça bonita, com um belo sorriso. Depois de morta, foi esquartejada e teve os restos mortais incinerados pela quadrilha que explora pessoas que não podem pagar caro por um aborto seguro — como acontece com as mulheres ricas.

Também nos últimos dias, o corpo da dona de casa Elisângela Barbosa, outra vítima de um aborto ilegal, foi encontrado em Niterói.

Infelizmente, casos como este não são incomuns. A cada dia morrem Jandiras e Elisângelas de Norte a Sul do país, vítimas das condições precárias em que fazem aborto.

Devido à criminalização da interrupção da gravidez, não existem dados oficiais sobre seu número. Mas, com base na quantidade de procedimentos de curetagem pós-aborto realizados no SUS, podem ser feitas estimativas. O ginecologista e obstetra Jefferson Drezett, representante do Grupo de Estudos do Aborto (GEA), que há mais de dez anos coordena um serviço de abortamento legal no país, afirma:

> Acontecem cerca de um milhão de abortos provocados e em torno de 250 mil internações para tratamento de complicações pós-aborto por ano. É o segundo procedimento mais comum da ginecologia em internações.

---

[2] A jovem Jandira tinha morrido dias antes, vítima de médicos inescrupulosos que fazem abortos clandestinos em precárias condições.

Se as mulheres de classe média alta que querem interromper uma gravidez indesejada podem fazer aborto com toda a segurança, em clínicas clandestinas caras e seguras, o mesmo não ocorre com as pobres, obrigadas a realizá-lo em condições precárias e com graves riscos para a saúde.

Assim, não se trata de defender ou não o aborto, mas de reconhecê-lo como uma realidade e de buscar formas de limitar ao máximo seus danos.

Vale a pena ver como a questão é tratada em outros países.

Nos Estados Unidos, o aborto é livre no primeiro trimestre de gestação, por decisão da gestante, aconselhada por seu médico. No segundo trimestre, o aborto continua permitido, mas o Estado pode regulamentar o exercício do direito se houver risco para a saúde da gestante.

Na França o aborto também é legal. Em 2001 foi promulgada uma lei que ampliou o prazo de possibilidade de interrupção da gravidez, de 10 para 12 semanas, além de tornar facultativa para as mulheres adultas a consulta prévia em instituições de aconselhamento e informação, o que antes era obrigatório.

Ele também é legal na Itália. Lá, porém, as autoridades sanitárias e sociais discutem com a gestante — e, se esta consentir, também com o pai do feto — soluções que evitem a interrupção da gravidez. Mas a última palavra é da mulher. Afora casos de urgência, há um intervalo mínimo de sete dias entre a data da solicitação do aborto e sua efetiva realização, para assegurar um tempo para a reflexão da gestante.

Na Alemanha, lei promulgada em 1992 permite o aborto nos primeiros três meses de gravidez. Porém, a gestante deve submeter-se a um serviço de aconselhamento, que tenta demovê-la da ideia, e aguardar três dias.

Aqui perto de nós, o Uruguai nos traz uma experiência interessante. Lá, o aborto foi descriminalizado em outubro de 2012. Com isso houve não só uma queda vertiginosa no número de mortes maternas, quanto — pasmem! — também na quantidade de abortos realizados. Segundo números apresentados pelo governo, entre dezembro de 2012 e maio de 2013 não foram registradas mortes maternas como consequência de aborto, e a quantidade de interrupções de gravidez passou de 33 mil por ano para quatro mil. Esse último dado se explica porque, junto com a descriminalização, o governo implantou políticas públicas de educação sexual e reprodutiva, planejamento familiar e uso de métodos anticoncepcionais, assim como serviços de atendimento integral de saúde sexual e reprodutiva.

É preciso deixar claro. Caso seja descriminalizado o aborto, as pessoas que, por convicção religiosa ou por qualquer outro motivo, não desejarem fazê-lo terão respeitada a sua vontade. Ninguém as obrigará a fazer aborto. Mas não é razoável que se queira estender essa decisão às demais.

Um Estado laico, como o brasileiro, não pode pautar suas decisões por preceitos religiosos.

Já passou da hora de tratar o aborto como problema de saúde pública, e não como questão policial.

Não queremos novas Jandiras ou Elisângelas.

Os jovens e a política

Editorial lido no programa de rádio Faixa Livre *no dia 29/10/2014, discutindo o desinteresse dos jovens pela política institucional, demonstrado pela diminuição da procura do título de eleitor por pessoas entre 16 e 18 anos.*

A VITÓRIA DE Dilma Rousseff pode não ter sido uma vitória apenas dos admiradores dos governos do PT, muitos dos quais se frustraram com eles. Houve gente que votou em Dilma por outros motivos, como, por exemplo, o veto a Aécio Neves. No entanto, certamente foi uma derrota dos que queriam um retrocesso aos tempos em que éramos governados pelo PSDB.

Agora, tudo dependerá de como Dilma vai se comportar neste novo mandato. Ou seu governo avança e começa a fazer reformas estruturais — enfrentando a direita e desagradando os poderosos — ou corre o risco de chegar em 2018 em estado de decomposição. Ou até mesmo não chegar a 2018. E — sejamos claros — avançar significa fazer a reforma política; democratizar os meios de comunicação, em particular os eletrônicos, pondo fim ao monopólio no setor; realizar as reformas agrária, tributária e urbana e tantas outras mais.

Para tal, é evidente que não poderá se apoiar nos PMDBs da vida ou na maioria dos partidos que compõem hoje a sua base parlamentar. Ao contrário, ou bem o governo se joga por inteiro num processo de politização da sociedade, levando para ela as grandes questões nacionais e, com seu apoio, pressiona o Congresso — que, mais do que conservador, é reacionário —, ou estará condenado a patinar, frustrando quem votou nele na esperança de que venham mais mudanças.

Aqueles que foram às ruas no ano passado, protestando contra a política tal como é exercida em nosso país e manifestando repúdio à maioria dos políticos, não estavam destituídos de razão. A maioria de nossos políticos não vale nada mesmo e a política institucional com frequência se confunde com aquilo que o pensador italiano Antonio Gramsci denominava "pequena política", passando ao largo dos grandes problemas nacionais.

Só que a política nos persegue e está presente em nossas vidas, queiramos ou não e gostemos ou não dela ou dos políticos. Repudiar a política, em si, é um ato de inconsequência, que não leva a nada. Só favorece aos que querem manter as coisas como estão. A política mexe com a vida de todos. Dos que se interessam por ela e dos que não querem saber dela. Fechar os olhos para essa verdade significa ficar refém daqueles que fazem a pior política.

Por isso, o fato de ter diminuído o número de jovens entre 16 e 18 anos que este ano tirou o título de eleitor (como se sabe, nessa faixa etária o voto não é obrigatório) é preocupante. Mostra que a juventude não está antenada na política. Ou, pelo menos, não se vê representada na política institucional, tal como ela se apresenta, o que pode ser compreensível, e opta pela abstinência, o que é ruim.

Segundo a Justiça Eleitoral, apenas um entre quatro jovens de 16 a 18 anos se alistou para votar este ano. O número foi menor do que nos anos em que tivemos as três últimas eleições presidenciais. Nas disputas de 2002, 2006 e 2010, o percentual de adolescentes que tirou o título eleitoral ficou entre 36 e 37%. Este ano caiu para 26%.

É um dado preocupante. O repúdio à forma como é exercida a política no país — repúdio este que deu origem às gigantescas manifestações do ano passado — não deve levar ao repúdio à política em si, nem a um comportamento de abster-se de interferir nela.

Quando a juventude se afasta da política, é mau sinal. Não é bom para a democracia e menos ainda para os que defendem mudanças. Só serve aos conservadores.

As transformações sociais dentro da democracia devem ser consequência de uma tomada de posição da maioria. Por isso, é preciso todo o esforço para politizar a sociedade. Esta é uma tarefa essencial para os segmentos progressistas.

Quando, depois de 12 anos de governos autoproclamados de esquerda, constata-se o aumento do conservadorismo na sociedade brasileira, é evidente que estamos diante de um problema. Mas isso aconteceu. Hoje o Brasil é mais conservador do que na década de 1980.

É fundamental reverter esse quadro.

Não bastassem outros argumentos para que, enfim, se faça a reforma política e se lute pela democratização dos meios de comunicação de massa, isso, por si só, já bastaria para justificar a importância dessas medidas.

Que Dilma e o PT tenham presente esta verdade.

A garotada aprende e nos dá lição de cidadania

> *"Os alunos que ocuparam as escolas estão tendo uma experiência essencial na vida de um ser humano." A afirmação faz parte deste artigo, publicado no jornal* O Dia *em 6/5/2016. O texto elogia o movimento de ocupação de escolas por estudantes secundaristas, em defesa da educação pública.*

"O LIVRO DE que eu precisava e não recebi está mofando aqui. A escola é cheia de ratos. Tudo isso me levou a ocupar a escola, e a ocupação me mudou. Eu vinha aqui para zoar. Agora entendi o propósito disso." As palavras acima são de Alan Duarte, estudante da Escola Bangu. Elas constam de uma reportagem publicada em jornal de grande circulação no último fim de semana.

Alan tem apenas 16 anos, mas o que afirmou deve servir de reflexão para muitos marmanjos — alguns dos quais ocupando cargos de chefia nas secretarias de Educação do estado e do município do Rio de Janeiro. A partir da experiência de São Paulo, quando a garotada reagiu com ocupações ao fechamento de escolas, determinado pelo governador Geraldo Alckmin (PSDB), e à roubalheira na merenda escolar, o movimento se estendeu a outros estados.

É uma forma de luta nova, que mostra o vigor do movimento, tão prejudicado nos últimos tempos pelo apelegamento das entidades estudantis. Em São Paulo, as escolas ocupadas foram além de cem. No Rio, quando este artigo estava sendo escrito, já eram 74. Nelas, os alunos distribuem tarefas que, a rigor, deveriam ser do poder público: limpeza, conservação e realização de reparos variados dos imóveis, muitos caindo aos pedaços. Preparam a alimentação. Têm também aulas com gente qualificada, solidária com o movimento. E promovem atividades culturais, recebendo a visita de artistas e músicos que fazem apresentações.

A reação das autoridades não poderia ser mais tacanha e mesquinha. Em vez de dialogar com a garotada, valorizando o exercício de cidadania, e somar esforços na busca de soluções, anteciparam as férias e cortaram o vale-transporte.

Os alunos que ocuparam as escolas estão tendo uma experiência essencial na vida de um ser humano. Estão adquirindo consciência política e aprendendo a valorização do coletivo, da sociedade e do respeito com a coisa pública.

Já nos ensinava o compositor Aluísio Machado, da Velha Guarda do Império Serrano, em seu belíssimo samba *A humanidade*: "Eu quero ser livre e libertar / Eu quero estudar e aprender /Eu só quero aprender para ensinar."

A garotada está aprendendo e ensinando.

E nos dá uma lição de cidadania.

Tarifa zero?

Artigo que, na contramão do que defende a maior parte dos segmentos progressistas, mostra a armadilha escondida na bandeira "Tarifa zero", que reivindica gratuidade para o transporte urbano. Ele foi publicado no jornal O Dia em 22/2/2015.

As manifestações de 2013 — as maiores de nossa história recente — tiveram início como reação ao reajuste das tarifas de ônibus. E começaram em São Paulo, lideradas pelo Movimento Passe Livre, que tem como principal bandeira a gratuidade no transporte urbano.

Na época, isso me levou a pensar duas vezes antes de questionar a "tarifa zero" como objetivo central na luta por melhorias na mobilidade urbana. Não é confortável criticar quem está na rua enfrentando a polícia, em defesa de direitos da cidadania. Agora, porém, baixada a poeira resolvi escrever este artigo. Que ele sirva como contribuição à luta por um transporte melhor e mais barato.

A proposta de tarifa zero conta com simpatia geral porque, além da gratuidade em si, dá a impressão de que afetaria os lucros das empresas concessionárias. Mas é só impressão. Elas continuariam a receber pelos serviços prestados. A introdução da tarifa zero faria apenas com que passassem a ser remuneradas diretamente pelas prefeituras, e não pelos usuários, como é hoje.

Sejamos claros: seria uma situação até mais cômoda para as concessionárias. Os reajustes não seriam sentidos pela população e aumentaria a possibilidade de abusos na correção das tarifas sem o risco de reação popular.

É verdade que, ao não pagar pelo transporte, as pessoas teriam um gasto a menos. Mas os recursos das prefeituras usados para remunerar as empresas deixariam de ser aplicados em outros serviços — talvez em saúde e educação.

Há quem defenda a estatização como saída. A proposta deve ser debatida. Hoje certamente melhoraria o quadro, pois máfias privadas corrompem executivos e legislativos municipais e dão as cartas. Mas é preciso lembrar que, com transporte estatizado e passe livre, os custos ficariam com as prefeituras.

Daí que — defendendo-se ou não a estatização — hoje a bandeira central deve ser a abertura das caixas-pretas das empresas concessionárias e a realização de auditorias independentes, acompanhadas pela sociedade civil. Isso, sim, afetaria os barões do transporte e diminuiria o preço das passagens.

No caso do Rio de Janeiro, a prefeitura sequer tem um levantamento próprio de gastos e receitas das concessionárias. Aceita os números que estas lhes passam. É tudo em confiança.

Não por acaso a bancada do prefeito Eduardo Paes resistiu tanto à instalação da CPI dos Transportes.

Sobre o Mais Médicos

> *Editorial do programa de rádio* Faixa Livre, *lido no dia 20/10/2015. Ele defende o programa Mais Médicos e, ao mesmo tempo, afirma que a necessidade de se importarem médicos mostra a falência do sistema de saúde no Brasil, sustentando a necessidade da criação de carreiras de Estado para o setor.*

SÁBADO PASSADO, DIA 18, foi o Dia do Médico. Por isso, na véspera, sexta-feira, fizemos aqui uma mesa-redonda sobre os problemas da saúde no país. Participaram a professora da UFRJ Lígia Bahia, o diretor do Sindicato dos Médicos José Antônio Alexandre Romano e Gabriel Pimenta Neto, do Hospital do Andaraí.

A discussão foi muito rica e nos estimulou a pautar o mesmo tema outras vezes aqui no nosso *Faixa Livre*.

O debate de sexta-feira nos estimulou também a tratar, mais uma vez, da questão da saúde em nosso editorial. É o que faremos hoje, vinculando-o à campanha eleitoral para presidente.

O primeiro ponto a se registrar é que o comportamento do tucano Aécio Neves em relação ao Mais Médicos se modificou ao longo da campanha.

Há algum tempo, ainda no primeiro turno, ele se dizia claramente contrário ao programa, apresentando os argumentos mais diversos. Parecia mesmo estar buscando pelo em casca de ovo para não apoiá-lo.

Depois, diante da aceitação do Mais Médicos pela opinião pública e, em particular pela população das áreas beneficiadas pelo programa, Aécio mudou de opinião. Afinal, nas regiões assistidas pelo Mais Médicos, todos estão satisfeitos. Em muitos lugares a iniciativa levou assistência médica a gente que nunca a tinha recebido.

Aécio, então, parou de combater o programa, mas começou a acenar com mudanças que, se levadas a cabo, significariam interrompê-lo ou, pelo menos, limitá-lo em grande medida.

O primeiro argumento usado foi a suposta má qualidade da medicina cubana. Mas, logo, logo, a afirmação foi abandonada por não ter qualquer base na realidade.

Afinal, Cuba — em que pese ser um país pobre e subdesenvolvido — tem os melhores indicadores de saúde da América Latina. Lá, a mortalidade infantil é de 4,8 mortes por mil crianças nascidas. Esse índice é melhor do que o dos Estados Unidos. E — é bom lembrar — a mortalidade infantil é um dos principais critérios da Organização Mundial de Saúde (OMS) para a aferição da qualidade de vida num país, dado que, quando esta se deteriora, as crianças pequenas são as primeiras a serem afetadas.

Um segundo argumento usado por Aécio e os demais adversários do programa foi que os médicos cubanos, por problemas de idioma, não conseguiriam se fazer entender, nem entenderiam seus pacientes nas regiões pobres do Brasil. Esse argumento também rapidamente caiu por terra. A vida o sepultou. Não vem sendo mais usado.

Por fim, o pretexto para atacar o Mais Médicos é o fato de que nem todo o dinheiro pago pelo governo brasileiro pelo trabalho dos profissionais cubanos fica com eles. Houve até quem comparasse os médicos cubanos a escravos.

O que Aécio não diz é que, em Cuba, um médico tem que retribuir à sociedade, sob a forma de trabalho no país, o que foi gasto em sua formação. Assim, é razoável que, tendo se graduado com os recursos do povo cubano, se ele trabalha no exterior e recebe, por isso, salário superior ao que receberia no país, deixe parte dos ganhos para a sociedade cubana.

Não é difícil de entender isso.

Como a vida em Cuba é muito barata — não se paga nada por saúde e educação; e moradia, alimentação básica e transporte são praticamente gratuitos —, o que sobra em termos de salário para os integrantes do Mais Médicos, depois de retirada a parte que fica com o Estado cubano, é satisfatório. Tanto assim é, que os médicos cubanos estão aí.

Esse aspecto, mais a consciência da função social da medicina que exercem, faz com que haja candidatos para trabalhar no exterior.

Aliás, recentemente, Cuba enviou uma delegação de 165 profissionais de saúde para a África Ocidental, num gesto de solidariedade com populações atingidas pelo vírus ebola.

Deve ser dito, ainda, que os médicos cubanos que vieram para o Brasil no programa Mais Médicos, nos governos petistas, têm antecessores. Quando Fernando Henrique Cardoso era presidente, vieram para cá os primeiros deles. E com o mesmo sistema de repartição do pagamento. Atenderam a comunidades pobres em Tocantins, Roraima e Amapá, que nunca tinham visto um médico brasileiro — o que, convenhamos, é uma vergonha para o nosso país. Desde aquela época o trabalho dos cubanos é muito elogiado.

Há, hoje, mais de 30 mil médicos cubanos fora de seu país. Em 69 países da América Latina, da África, da Ásia e da Oceania, eles atendem a pacientes que, em sua maioria, não falam espanhol. Mas, como têm alto nível de educação formal, esses médicos aprendem rapidamente línguas estrangeiras.

Dos cubanos que vieram agora para o Brasil, todos têm especialização em medicina de família, 42% já trabalharam em, pelo menos, dois países e 84% têm mais de 16 anos de atividade.

Assim, a observação que tem que ser feita em relação ao Mais Médicos é de outra natureza. Ele é um programa emergencial. Não pode ser visto como solução para o problema da saúde pública no Brasil. É preciso uma decisão política de outra envergadura, para que haja um passo decisivo no enfrentamento do problema, com a transformação da saúde numa carreira de Estado. Tal como acontece com o Judiciário.

Para isso, é necessária a criação de um plano de carreira para as áreas de saúde, enquadrando seus profissionais em carreiras de Estado. Assim, eles entrarão por concurso público, terão remuneração condigna e perspectiva de ascensão funcional. Tal como no Judiciário, no início serão designados para regiões afastadas dos grandes centros. Depois, com o tempo e a progressão, poderão se transferir para as cidades que preferirem.

Isso levará ao fortalecimento do SUS e fará com que não haja mais a necessidade de se importarem médicos. Da mesma forma como o Judiciário está em todos os rincões do país, estará também a assistência médica.

Mas reconhecer essa verdade não significa que providências não devam ser tomadas para enfrentar problemas emergenciais.

Por isso, embora seja também uma demonstração da debilidade de nosso sistema de saúde, o Mais Médicos deve ser apoiado sem hesitação, como medida de emergência para fazer chegar médicos a pessoas que não têm qualquer assistência na área de saúde.

Quando — voltando ao candidato tucano — Aécio não aceita isso, demonstra clara má vontade, por conta do oportunismo eleitoral.

Por sua vez, quanto aos sindicatos e as associações médicas brasileiras, muitos dos quais chegaram ao cúmulo de hostilizar seus colegas estrangeiros que vieram trabalhar no Brasil em regiões desassistidas, fariam melhor se fossem solidários com eles e se unissem para lutar pela criação de carreiras de Estado na área de saúde.

Quando elas existirem, poderemos prescindir dos médicos estrangeiros que, por enquanto, são bem-vindos e necessários.

Chama o ladrão

No apagar das luzes de 2015, o governador do Rio, Luiz Fernando Pezão, resolveu arcar com a conta de luz da SuperVia, a concessionária ligada à Odebrecht que opera os trens que servem os subúrbios da capital do estado. Nada o obrigava a isso. A justificativa de Pezão foi que as tarifas de luz aumentaram além do previsto e isso pesou no bolso da concessionária. Desnecessário dizer que pesou no bolso de todas as pessoas. O artigo foi publicado no jornal O Globo *em 29/12/2015.*

FIM DE ANO é uma época propícia para a aprovação de maracutaias de todo tipo. Políticos vigaristas aproveitam que a população está preocupada com as festas de Natal e Ano-Novo e votam coisas de que até Deus duvida. Pois este fim de 2015 não foi exceção.

No dia 16 de dezembro, sob a batuta do presidente da Alerj, o deputado Jorge Picciani, foi aprovada uma proposição do governador Luiz Fernando Pezão concedendo um subsídio no valor de R$ 39 milhões para a SuperVia pagar a sua conta de luz à Light. A SuperVia opera os trens no Rio e é controlada pela superpoderosa, e hoje superenrolada em denúncias de corrupção, Odebrecht.

A justificativa apresentada por Pezão para a medida é surrealista: o aumento das tarifas de energia elétrica foi maior do que o previsto, afetando os lucros da empresa.

Ora, o aumento das contas de luz onerou a economia de todos os consumidores. Por que o socorro apenas à SuperVia?

A situação no estado beira a calamidade pública. O próprio Pezão foi obrigado a decretar situação de emergência na área de saúde no Rio. O secretário se demitiu, alegando que vai se candidatar no ano que vem, e pelo menos 11 hospitais e 17 UPAs estavam recusando pacientes por falta de condições de funcionamento no momento em que este artigo estava sendo escrito.

A Uerj está a ponto de fechar as portas. Os alunos se cotizam para custear o transporte de funcionários responsáveis pela limpeza, há meses sem receber salários.

E o governador, sem dinheiro para pagar o décimo terceiro salário dos servidores, acena com uma inacreditável proposta: que eles busquem empréstimos na rede bancária.

É um escândalo que, nesse quadro, o estado resolva pagar a conta de luz da SuperVia.

Mas as barbaridades não param aí. Apesar da crise, Pezão deu benefícios fiscais a grandes empresas, muitas transnacionais, que deixarão de pagar mais de R$ 35 bilhões em ICMS até 2018. Entre elas estão Ambev, Jaguar, Land Rover e Nissan. Seus interesses foram considerados pelo governador mais importantes do que as necessidades da população.

E ainda há quem diga que crime organizado é o que comete um adolescente de favela que vende um papelote de cocaína.

Que Pezão é candidato a ser o pior governador do estado do Rio nas últimas décadas já se sabe. Ele chega a dar saudades de seu padrinho político, o inesquecível Sérgio Cabral, com suas dancinhas de cancã em Paris, de guardanapo na cabeça.

Que Pezão e seu secretário de Segurança, Mariano Beltrame, não controlam a PM, sendo coniventes com o fato de ela ter se transformado numa máquina de assassínio de jovens pobres e negros também se sabe.

Mas é preciso que a população saiba também que, enquanto o estado afunda, Pezão está dando à Odebrecht esse presente de Natal.

Aliás, no mesmo dia em que ele foi aprovado, a Alerj rejeitou proposta de que não houvesse reajustes das tarifas cobradas pela SuperVia ao longo de 2016, atendendo a outro pedido do governador.

Francamente, só mesmo lembrando a música de Chico Buarque: "Chama o ladrão, chama o ladrão!"

Ainda sobre a caridade de Pezão

Texto publicado no Facebook no fim de dezembro de 2015, como tréplica, sobre a polêmica a respeito do pagamento, pelo governo do Rio, da conta de luz da SuperVia, empresa controlada por uma subsidiária da Odebrecht. Ele se refere a dois artigos, também publicados no O Globo, defendendo a medida tomada por Pezão: o de um secretário estadual e o de um dirigente da subsidiária da Odebrecht.

NA TERÇA-FEIRA PASSADA, dia 29 de dezembro, publiquei um artigo no *O Globo* em que chamava a atenção para duas medidas absolutamente espantosas nesses tempos de crise:

1) Para compensar o aumento das tarifas de energia elétrica — que, diga-se, onerou todos os consumidores, tanto pessoas físicas, como empresas —, o governador Pezão resolveu fazer um favor à SuperVia (leia-se: Odebrecht): pagou a sua conta de luz, no valor de R$ 39 milhões. Nada o obrigava a isso.
2) Num momento em que fala em cortar gastos e aumentar impostos, a base governista na Alerj, por determinação de Pezão, manteve a concessão de benefícios fiscais no valor de R$ 35 bilhões no ICMS para grandes empresas sediadas no estado. Nada a obrigava a isso.

Dois dias depois da publicação do meu artigo, Gustavo Guerra, presidente da Odebrecht Mobilidade (uma das 15 "linhas de negócios" do conglomerado, cujo dirigente maior está provisoriamente recolhido a uma cela da Polícia Federal em Curitiba, acusado de corrupção), publicou um artigo no mesmo jornal, em resposta.

Dois aspectos chamam a atenção no texto assinado pelo senhor Guerra.

Em primeiro lugar, a descrição da excelência dos serviços prestados pela SuperVia, que me fez lembrar os tempos em que vivi, como exilado político, na Suécia — país cuja qualidade dos trens é reconhecida no mundo inteiro. Não sei se os usuários dos serviços da SuperVia subscreveriam a avaliação do diretor da Odebrecht.

O segundo aspecto é que, segundo ele, a alternativa àquele presente de Natal de Pezão para a Odebrecht seria o aumento das tarifas dos trens.

Só que, ao mesmo tempo que o artigo de Guerra dizia isso, a Agetransp, a agência estadual que deveria regular os transportes no estado do Rio (mas não o faz, pois, como a maioria das agências que deveriam cumprir essa função, é controlada por quem deveria fiscalizar), autorizou um reajuste de R$ 3,30 para R$ 3,70 nas passagens de trens a partir de 2 de janeiro.

Não se conhece declaração do senhor Guerra a respeito desse aumento que, supostamente, teria sido evitado porque Pezão pagou a conta de luz da Odebrecht.

Hoje, domingo, dia 3 de janeiro, Leonardo Espíndola, chefe da Casa Civil do governo estadual, também publica artigo no *O Globo* contestando o meu. O texto é quase todo dedicado a demonstrar, com números a granel, como a diminuição dos preços do petróleo e a crise da Petrobras afetaram as finanças do estado.

Ora, isso ninguém desconhece.

Pena que o senhor Espíndola não tenha se lembrado de explicar por que, nesse quadro de dificuldades, Pezão assumiu uma conta de R$ 39 milhões da Odebrecht e continuou a abrir mão de R$ 35 bilhões em benefícios fiscais para empresas como Ambev, Jaguar, Land Rover e Nissan.

De qualquer forma, não deixa de ser positivo que a empresa beneficiada pelo Papai Noel que governa o estado e o próprio governo tenham se sentido na obrigação de dar alguma explicação.

Mesmo que não tenham conseguido.

Como tratar o lixo da esquerda

> *Escrito num tempo em que havia pouquíssimos casos de corrupção envolvendo partidos ou políticos de esquerda, este artigo já chamava a atenção para o problema e para a necessidade de ele ser enfrentado. Foi publicado no* Jornal do Brasil, *em 22/7/2002.*

É FORÇOSO RECONHECER que as experiências socialistas não tiveram a marca do fortalecimento da democracia. Mais do que uma suposta incompatibilidade de socialismo com democracia, a meu ver isso se deveu a circunstâncias históricas (agressões militares, asfixia econômica etc.).

No entanto, é inegável que essas circunstâncias ajudaram a consolidar traços autoritários na doutrina socialista. O que não impede que, em tese — por oferecer patamares mínimos de educação, cultura e vida material a todos —, o socialismo crie melhores condições para o exercício democrático da cidadania.

Para se convencer disso, é só olhar para o papel determinante do poder econômico nos países capitalistas (e não só nos do Terceiro Mundo) ou, ainda, para a exclusão social de parcelas expressivas em boa parte desses países, o que tem consequências diretas no exercício da cidadania.

Hoje, a maioria das correntes de esquerda faz profissão de fé democrática e defende uma imprensa crítica e independente. Praticamente nenhuma admite como modelo o regime stalinista ou seus descendentes diretos.

Mas, na realidade, nem sempre é assim. Não poucos reagem mal quando têm os calos pisados. Por paradoxal que pareça, frases como "a publicação disso favorece a direita" ou "é melhor só tratar dessa questão num outro momento" são muito ouvidas.

Nos últimos meses, por duas vezes me vi envolvido em situações assim.

A primeira, em janeiro, uma semana depois da morte do prefeito Celso Daniel. Fiz uma reportagem que tratava de um esquema de corrupção na prefeitura. E informava que, pouco antes de ser assassinado, Celso Daniel vinha se chocando com figuras centrais do esquema. Concluía afirmando que esses fatos deveriam ser levados em conta nas investigações sobre sua morte. O mundo quase veio abaixo. Ouvi coisas como: "Esse tipo de matéria não ajuda a campanha do Lula e deveria ficar para outro momento." Como se, no tal "outro momento", não fossem aparecer também "razões de Estado" para engavetar assuntos incômodos.

Domingo passado, outra matéria que fiz despertou reações semelhantes, embora mais localizadas, por envolver personagem menor. Ela contava que o Tribunal de Contas da União (TCU) considerara irregular o pagamento de diárias pelo Conselho Regional de Engenharia e Arquitetura do Rio de Janeiro (Crea-RJ) a seu presidente, hoje licenciado. A justificativa para o pagamento é que o beneficiado mora em Niterói e a sede do órgão é no Rio — portanto em outra cidade. Note-se que o percurso — de não mais de 20 quilômetros — era feito em carro com ar-condicionado, motorista e combustível pagos pelo Crea.

O pagamento de tais diárias, claramente imorais, já era comentado por engenheiros e arquitetos e no PT — partido pelo qual o beneficiário é candidato a deputado. Não encontrei ninguém que o defendesse. Mas houve quem, sabendo da preparação da matéria, viesse a mim ponderar a sua "inconveniência" (alguns o faziam claramente a pedido de assessores do beneficiário). O argumento não era novo: poderia "prejudicar o PT e a campanha de Lula".

Mas, afinal, quem prejudica a esquerda? Quem se envolve em irregularidades, imoralidades e crimes ou quem não aceita empurrá-los para baixo do tapete?

Como jornalista pretendo continuar defendendo a publicação do que seja relevante para a sociedade. É a melhor forma de dignificar a profissão. Mais importante até do que isso: é a melhor forma de exercer a cidadania e defender a democracia.

Sobre analogias e diferenças

Texto publicado no Facebook em 22/3/2016, diante do crescimento da movimentação a favor de um impeachment da presidente Dilma Rousseff. Ele discute a posição incômoda da oposição de esquerda a Dilma, cujo governo é classificado como de direita. Ademais de alertar para o fato de que um impeachment sem base legal seria um perigoso precedente para a democracia, o artigo alerta para outro ponto: com o afastamento da presidente viria um governo ainda mais conservador e direitista.

No dia 10 de setembro de 1917, o general Kornilov tentou um golpe de Estado contra o governo provisório de Kerensky, na velha Rússia, e marchou com suas tropas para Petrogrado, com o objetivo de esmagar as lutas operárias que desembocariam na Revolução de Outubro.

Os bolcheviques mobilizaram os trabalhadores para, junto às tropas legalistas, lutar contra Kornilov. Sabiam que, àquela altura, um golpe militar, com tudo o que viria a seguir, mataria a revolução, abrindo as portas para um massacre do proletariado.

Lênin lançou, então, a palavra de ordem: "Contra o canalha Kornilov, pelo canalha Kerensky."

O golpe foi derrotado e a revolução triunfou 40 dias depois.

Claro que a situação brasileira, hoje, é inteiramente outra. Não estamos às vésperas de uma revolução, mas de um provável retrocesso, com a abertura de um período marcado pela hegemonia do conservadorismo. E, se vier um golpe aqui, não será militar, nem seria sucedido por uma ditadura como a que durou 21 anos. Ele pareceria mais com o golpe que derrubou o presidente Fernando Lugo, do Paraguai.

Mas, ainda assim, há razões para que a analogia com Kerensky e Kornilov tenha me vindo à cabeça. Vou às ruas contra um golpe, não por aprovar o governo Dilma, que é indefensável, mas para preservar a democracia, não permitir a abertura de um precedente perigoso e limitar o avanço da direita.

Esse avanço da direita, que ninguém se iluda, não deixa de se dar também com Dilma (é bom lembrar que, semana passada, ela sancionou a famigerada Lei Antiterrorismo). Mas em menores proporções do que se daria com um governo de peemedebistas e tucanos. Basta ver o tal programa Uma Ponte para o Futuro, do PMDB.

E há, além disso, outro fator: mesmo que haja o impeachment e se abra uma conjuntura de ainda maior defensiva para a esquerda e os trabalhadores, quanto maior a resistência ao golpe, mais se terá acumulado forças para resistir no novo período.

Às ruas, portanto.

O exemplo de Mujica

Artigo publicado no jornal O Globo em 1º/9/2015, enaltecendo as qualidades políticas e morais do ex-presidente uruguaio Pepe Mujica.

O EX-PRESIDENTE DO Uruguai Pepe Mujica, agora senador, conseguiu uma coisa que político brasileiro algum conseguiria hoje: mobilizou cinco mil jovens para escutá-lo falar de política na Uerj. O encontro foi um pedido do próprio Mujica, que, ao receber o convite para vir ao Rio, condicionou a aceitação a que fosse incluído na agenda um encontro com jovens.

Alguns dos presentes foram às lágrimas com suas palavras. E, note-se, Mujica não é um agitador de massas, alguém que empolga e emociona pela veemência. Ao contrário, sua figura lembra mais a de um avô carinhoso e, acima de tudo, humano. Ele simplesmente expõe ideias. Seu carisma advém dessas ideias e da credibilidade que passa.

Fundador e ex-dirigente do movimento Tupamaros, Mujica participou de ações de guerrilha na segunda metade dos anos 1960 e no início da década de 1970. Preso, foi um dos 111 tupamaros que, no dia 6 de setembro de 1971, fugiram do presídio de Punta Carretas, em Montevidéu, por um túnel.

Novamente preso em 1972, ficou 14 anos em mãos dos militares. Depois do período inicial de torturas, não foi julgado e, como outros oito dirigentes da organização, foi considerado "refém" pela ditadura uruguaia. Esta última anunciou publicamente que, se a guerrilha voltasse a fazer ações de envergadura, aqueles dirigentes seriam assassinados.

Presos, eles eram mantidos sem contato uns com os outros ou com o mundo exterior. Alguns, entre os quais Mujica, passaram anos não numa cela, mas no fundo de um poço seco. Ali dormiam, ali comiam, ali faziam suas necessidades. Com o auxílio de uma roldana, a comida era descida em um balde. Em outro balde, subiam fezes e urina.

"Os militares resolveram nos deixar loucos", escreveria posteriormente Mauricio Rosencof, um dos "reféns", num livro em que conta aquela experiência.

Com o fim da ditadura, em 1985 houve uma anistia e os presos políticos foram libertados. Os Tupamaros abdicaram da luta armada e passaram a disputar eleições, integrando a Frente Ampla, ao lado de outras agremiações.

Mujica foi deputado e ministro, antes de se tornar presidente. Nunca mudou o estilo de vida. Ia para o palácio dirigindo seu velho fusquinha e continuava morando como antes, numa chácara na periferia de Montevidéu. Doava a maior parte do salário que recebia.

A admiração dos jovens por Mujica, demonstrada fartamente nos seus dias de *pop star* no Rio, se explica, em boa parte, por sua trajetória e seu comportamento. É alguém cuja integridade não pode ser posta em dúvida e cuja vida pessoal é absolutamente coerente com o que defende na vida pública.

Ele nunca esteve preocupado em ganhar dinheiro, em prestar "consultorias", em ter relações com empreiteiras ou em outras picaretagens do gênero. "Quem quiser enriquecer, que enriqueça, mas longe da política", é uma de suas frases.

Como este modelo é coisa rara entre nós, chama a atenção.

Por isso, é forçoso reconhecer: o frisson que Mujica causa não só é consequência de suas indiscutíveis qualidades, mas também fruto da comparação com a indigência política e moral de boa parte dos nossos "homens públicos".

Esta é uma triste verdade.

Entre a ética e a ilegalidade

O artigo faz considerações sobre ética e a prática de ilegalidades na política, afirmando que há procedimentos que não são ilegais, mas que ferem a ética. Ele sustenta, ainda, a tese de que são incompatíveis a defesa remunerada dos interesses de empresas privadas, como lobista ou "consultor", e a atuação como líder político. O texto foi publicado no jornal O Globo em 21/10/2015.

NEM TUDO ANTIÉTICO é ilegal ou criminoso. Há atividades nas quais a lei não é violada e não há margem para condenação penal, mas que não são recomendáveis do ponto de vista ético.

Atualmente, é desnecessário insistir na importância dessa reflexão. Em particular quando estão em jogo figuras políticas de alto coturno.

Vejamos o caso do ex-presidente Luiz Inácio Lula da Silva e sua relação com empreiteiras, em especial com a maior delas, a Odebrecht. Lula não nega ter defendido interesses da empresa no exterior. Afirma, no entanto, que esses interesses coincidem com os do Brasil.

Por sua vez, a imprensa noticia a comprovação do pagamento de, pelo menos, R$ 4 milhões da Odebrecht para Lula. Esse valor seria remuneração por palestras do ex-presidente em países africanos e latino-americanos. Lula viajou em jatinhos da empreiteira e sempre em companhia de um de seus diretores, Alexandrino Alencar, até recentemente preso como acusado na Operação Lava-Jato. Em muitos casos, aproveitou para manter reuniões relacionadas com negócios da Odebrecht com dirigentes dos países visitados.

Lula sustenta que a atividade que exerce é legal e dá como exemplo o fato de ela ser desenvolvida por ex-presidentes americanos. Nega que seja lobista e afirma que o dinheiro que recebe da Odebrecht é remuneração por palestras.

Claro que as palestras, regiamente pagas pela Odebrecht, podem ser uma forma de justificar a remuneração pelo trabalho de *lobby*. Mas seria preciso provar isso.

Lula nega, também, que tenha feito tráfico de influência no BNDES para liberar financiamentos para a empreiteira. De fato, isso até pode ter ocorrido, mas até agora não foi comprovado.

Lula afirma, ainda, que sua aproximação com a Odebrecht se deu depois que deixou a Presidência. Há e-mails de diretores da empreiteira cujas datas contradizem a afirmação. Esses e-mails se referem a ele como "PR" e falam explicitamente de *lobby*. Mas, também aqui, é a palavra de um contra a do outro.

Existem e-mails de diretores da Odebrecht que orientam Lula sobre o que dizer em reuniões com mandatários de outros países. Mas o ex-presidente receber conselhos de quem quer que seja tampouco é uma ilegalidade.

Enfim, algo cheira mal, mas é preciso reconhecer: até agora não se comprovou que Lula tenha cometido crime nas suas relações com empreiteiras, em particular com a Odebrecht.

De qualquer forma, vale uma lembrança. Ao estreitar as relações com grandes corporações econômicas americanas, sendo remunerado por elas, o ex-presidente Carter — o grande exemplo em que se apoia Lula para justificar o que faz — abandonou a política.

É como disse o ex-presidente uruguaio Pepe Mujica: "Quem quiser ganhar dinheiro, que o faça. Mas longe da política."

Fica, então, a pergunta: não seria o caso de Lula escolher? Ou bem segue atuando como líder político, deixando de lado negócios com empreiteiras, ou bem continua a se dedicar a esses últimos, mas deixando de lado a política?

O prefeito e seus camisas pardas

Artigo que critica a autêntica guarda pretoriana do prefeito do Rio, Eduardo Paes, usada para reprimir com violência manifestações de rua críticas à sua administração. O artigo foi publicado no jornal O Dia, em 25/2/2016.

NA MADRUGADA DO dia 13 de fevereiro, o Technobloco encerrava seu desfile de carnaval na Praça Mauá quando seus integrantes foram atacados por guardas municipais, em seus uniformes de cor parda. Rapazes e moças foram brutalmente espancados. A surpresa foi generalizada, pois até então tudo transcorria sem incidentes. Quem ousou pedir explicações ou protestar foi também agredido e sumariamente preso por "desacato à autoridade" — a nova senha para o vale-tudo por parte da gangue fardada de Eduardo Paes. Aliás, vários dos membros da guarda estavam sem identificação no uniforme, o que fere as regras.

Quem tentou registrar a truculência foi agredido, algemado, preso e teve o celular destruído pelos guardas. Foi o caso do jornalista Bernardo Tabak. Fotos dele postadas depois nas redes sociais mostram um quadro espantoso: suas costas e nádegas estão cheias de equimoses, inteiramente roxas.

Outro jornalista, colega de Bernardo, sofreu luxação no braço e um produtor cultural teve fratura exposta no cotovelo, tendo que passar por uma cirurgia.

É preciso dar um basta nisso.

Episódios como este se repetem e o que dizem os comandantes da Guarda Municipal é que tudo será apurado e que, se houve excessos, os responsáveis serão punidos. Ora, isso é um achincalhe. Quem apura? Além dos acusados pelas violências, mais alguém é ouvido? Pessoas agredidas, como Bernardo, são chamadas para dar sua versão? Alguém já foi punido em casos semelhantes?

Estamos diante de um circo. E um circo de horrores.

É chegada a hora de a sociedade reagir e cobrar investigações isentas, a cargo de ouvidorias externas, livres do corporativismo que marca instituições como polícias e guardas municipais. Ouvidorias que devem ser independentes da prefeitura e do governo do estado.

Enquanto isso não ocorrer, o prefeitinho Eduardo Paes seguirá contando com seus camisas pardas para agredir impunemente as pessoas pelas ruas, tal qual faziam os também camisas pardas da S.A. de Ernst Röhm na Alemanha nazista.

A S.A. espancava adversários de Hitler, esquerdistas, judeus e gays, até que, por pressão do exército alemão, em 1934 foi extinta e teve os líderes assassinados. Um dos argumentos para tal era que seu próprio chefe, Röhm, era homossexual.

É preciso que o problema dos nossos camisas pardas seja resolvido o quanto antes. E, claro, de forma mais civilizada.

Sobre a reforma tributária

Este texto foi lido como editorial do programa de rádio Faixa Livre *em 15/10/2015. Trata das distorções do sistema tributário brasileiro, que privilegia os ricos e faz com que os trabalhadores arquem com a maior parte dos impostos.*

O CANDIDATO AÉCIO Neves costuma acenar com a realização de uma reforma tributária, caso seja eleito. Reforma tributária é mais ou menos como reforma política — todo mundo fala da necessidade dela, mas, na hora de ir ao concreto, surgem divergências e o debate empaca. De qualquer forma, vamos concordar com Aécio sobre a necessidade dessa reforma.

Mas sabemos que as críticas que temos não são as mesmas dele — político conservador, que costuma defender os interesses dos empresários, em detrimento a propostas que melhorariam a vida do povo brasileiro.

Para começar, deve ser dito que os empresários gostam muito de reclamar da carga tributária no Brasil, mas reclamam de barriga cheia. Ela não é maior do que a média dos demais países.

A reclamação dos ricos, na verdade, tem outro alvo. Qualquer que seja a quantidade de recursos públicos usados para proporcionar serviços à população, os ricos sempre acharão demasiado. Eles não usam os serviços públicos. Por isso, preferem um Estado mínimo.

Sua reforma tributária é sempre para que se pague menos imposto, deixando que cada qual se responsabilize pelos custos de saúde, educação, transporte, segurança e dos demais serviços. Para quem é rico, tudo bem. Para quem não tem recursos, essa alternativa significa o abandono total.

A reforma tributária necessária não é exatamente para reduzir a carga de impostos, ainda que isso possa ser feito aqui e ali. Ela deve reformar a estrutura de cobrança e tornar mais justa a distribuição de renda.

Diferentemente do que ocorre nos países do Primeiro Mundo, no Brasil a maior parte dos impostos é indireta, cobrada juntamente com os produtos consumidos, e não sobre a renda ou a propriedade. Assim, quando compra um copo de água mineral, o pobre paga o mesmo imposto que o rico. O fato de a maior carga de impostos ser indireta faz com que, proporcionalmente, os pobres acabem pagando mais impostos do que os ricos.

No Primeiro Mundo é o contrário. Da taxação sobre a renda e a propriedade vêm a maior parte dos tributos arrecadados.

Vamos aos números.

No Brasil, 40% da renda nacional são apropriados por 1% das pessoas, gente que ganha mais de 20 salários mínimos. Mas esse contingente, que, como foi dito, se apropria de 40% da renda total, é responsável pelo pagamento de apenas 7,3% do total dos impostos. Isto porque não é a renda nem a propriedade o que é mais taxado. A informação é do Instituto Brasileiro de Planejamento e Tributação.

Há tempos está engavetada no Congresso a regulamentação de um projeto para a taxação de grandes fortunas. E há outro projeto, também engavetado, para taxar fortemente as grandes heranças. Simplesmente não andam. E, registre-se, o primeiro deles — o de taxação das grandes fortunas — já foi aprovado e está previsto na Constituição Federal (artigo 153, inciso VII). Apesar disso, não vai adiante.

Mesmo o Imposto de Renda (IR) — um imposto direto — é cheio de distorções. Estão isentos de pagamento os assalariados que recebem até R$ 1.787. Os que ganham entre R$ 1.788 e R$ 2.679 pagam 7,5%. Quem tem um vencimento bruto entre R$ 2.679 e R$ 3.572 desconta 15%. Quem recebe entre R$ 3.572 e R$ 4.463 paga 22,5%. Finalmente, quem tem salário bruto acima de R$ 4.463 é enquadrado numa alíquota de 27,5%.

Haveria muito a dizer sobre essas faixas, mas vamos nos limitar a duas observações.

Primeiro: cobrar Imposto de Renda de quem recebe R$ 1.787 é absurdo. Este valor é baixíssimo, equivale a menos de dois salários mínimos e meio. Isso, tomando-se em conta o salário mínimo oficial, pois o salário mínimo calculado pelo Dieese — para que correspondesse aos preceitos constitucionais e fosse suficiente para que uma família sobrevivesse condignamente — é de R$ 2.915.

Em segundo lugar, é espantoso que a tabela estipule a mesma alíquota, de 27,5%, para quem ganha R$ 4.463 e para quem recebe, por exemplo, mais de R$ 100 mil. Isso não tem cabimento. Em qualquer país do Primeiro Mundo há outras faixas, com alíquotas muito superiores, para que quem ganhe mais efetivamente pague mais.

O absurdo não para por aí: a tabela para cálculo do imposto a pagar tem uma defasagem de quase 65%. Ficou congelada durante muito tempo, enquanto salários eram reajustados a cada ano pela inflação. Com isso, trabalhadores isentos passaram a uma faixa imediatamente superior, passando a pagar Imposto de Renda sem que tivessem tido aumento real do salário. Isso porque a tabela não era corrigida.

Há o caso, também, dos trabalhadores que eram enquadrados numa alíquota mais baixa e passaram para a faixa imediatamente superior sem que tivessem tido aumento real de seu salário.

O nome disso é confisco da renda dos trabalhadores.

Podemos falar, ainda, do Imposto Territorial Rural (ITR). Diferentemente de seu equivalente urbano, o IPTU, ele é estipulado a partir do valor da propriedade declarado pelo proprietário. Desnecessário dizer que as declarações são todas para baixo, desvalorizando a propriedade, para que o imposto pago seja menor.

Se o ouvinte está assustado, prepare-se. Vem coisa pior.

Na hipótese de a propriedade rural ser desapropriada para reforma agrária, para efeito de pagamento da indenização não é usado o valor declarado pelo proprietário. É feita uma avaliação em separado para que seja pago o preço de mercado.

Assim, a terra tem um valor na hora de o proprietário declarar imposto. E outro na hora em que ele é indenizado quando sua terra é desapropriada.

Como justificar isso?

Caso Aécio queira mesmo fazer uma reforma tributária digna desse nome, poderia aproveitar algumas dessas propostas. E, como elas se referem a uma situação que está aí, são também sugestões para Dilma Rousseff, caso ela se reeleja.

Fator Previdenciário e salário mínimo

Texto lido como editorial para o programa de rádio Faixa Livre *em 17/10/2015. Ele mostra que o propalado déficit da Previdência Social não existe e que a recuperação do valor do salário mínimo foi da maior importância para melhorar a vida dos mais pobres.*

NAS DECLARAÇÕES DE candidatos à Presidência ou de seus assessores nem tudo é dito às claras. Remédios amargos são omitidos, mesmo que estejam nos planos. Mas, ainda assim, não há como evitar o debate em torno a certos temas.

Nesse quadro, a Previdência, com seu suposto déficit, e a fórmula para a correção do salário mínimo foram trazidas à discussão, mesmo que da forma oblíqua usada quando se trata de retirar direitos das pessoas.

Vejamos o primeiro caso, a Previdência.

É verdade que o aumento da expectativa de vida das pessoas faz com que elas tenham que ser sustentadas por pensões e aposentadorias durante mais tempo. Assim, a equação de despesas e receitas do sistema tem que ser acompanhada ao longo dos anos, pois a ninguém interessaria quebrar a Previdência.

Assim, não se discute que os cálculos atuariais tenham que ser atualizados regularmente, para que se garanta o equilíbrio do sistema. Isso ocorre tanto no Brasil como no resto do mundo.

Mas — atenção! — não se pode comprar gato por lebre. O propalado déficit na Previdência brasileira não existe. É fruto de um truque estatístico, que não leva em conta fontes de receita para a Seguridade Social previstas na Constituição.

Vale a pena ver isso de perto.

A partir de 1988, com a nova Constituição, os trabalhadores rurais foram incorporados ao rol de beneficiários da Previdência. Até então, isso não acontecia. A medida, justíssima do ponto de vista social, acarretou um custo adicional para o sistema, pois os trabalhadores rurais não tinham contribuído ao longo da vida. Por isso mesmo, a própria Constituição apontou novas fontes de receita para a Seguridade Social, de forma a equilibrar as contas: a Contribuição para o Financiamento da Seguridade Social (Cofins), a Contribuição Social sobre o Lucro Líquido (CSLL) e um percentual de concursos de prognósticos (loterias).

Assim, não se pode falar em rombo na Previdência simplesmente comparando-se, de um lado, a receita obtida com a contribuição de empregadores e empregados e, de outro, a despesa com pagamento de benefícios, sem se levar em conta as novas fontes de receita.

Mas é isso o que fazem os que acenam com o suposto déficit da Previdência e com a necessidade de novas medidas que prejudiquem os trabalhadores. Não computam as demais fontes de receita previstas na Constituição de 1988.

Há, ainda, outro problema: a chamada Desvinculação das Receitas da União (DRU). Criado pelo presidente Fernando Henrique Cardoso em 1994, com o nome de Fundo Social de Emergência, a DRU permite retirar até 20% dos recursos originalmente previstos no Orçamento de uma determinada destinação. Assim, um quinto do destinado à Seguridade Social (onde está a Previdência) tem sido subtraído para engrossar o superávit primário, a reserva usada para pagamento dos juros da dívida pública aos banqueiros.

Pois bem, sem que sejam computadas todas as receitas e subtraindo-se 20% dos recursos destinados à Previdência, aí, sim, temos déficit. Mas, como se vê, é um déficit fictício, fruto da manipulação de dados.

Foi esse suposto déficit que levou à criação, no período FHC, do tal Fator Previdenciário. É um mecanismo perverso incluído nos cálculos do valor dos benefícios pagos a aposentados e pensionistas, que diminui em até 30% o seu montante.

Por isso, as entidades de trabalhadores reivindicam a sua extinção. E, perto de eleições, volta e meia um candidato fala em acabar com ele. Foi o que fez, recentemente, Aécio Neves, numa reunião com sindicalistas.

Depois, advertido por seus economistas, o tucano recuou. Disse que não se trataria de extinguir o Fator Previdenciário, mas de estudar, com cautela, um mecanismo que o substituísse.

Ora, vamos falar claro. Qualquer outro mecanismo de compensação do Fator Previdenciário que parta da premissa de que a Previdência tem um rombo e se proponha a enfrentá-lo com o aumento do valor das contribuições, com a diminuição dos benefícios ou com a prorrogação do tempo de contribuição, vai prejudicar os trabalhadores.

O Fator Previdenciário é injusto. Baseia-se na falsa premissa de que a Previdência está quebrada. Ele deve ser extinto, e não substituído por outro mecanismo igualmente perverso.

Outra questão levantada por economistas ligados a Marina Silva e a Aécio, que também afeta a Previdência, é o salário mínimo. Ele estabelece um piso para os trabalhadores que ganham menos, além de servir de indexador para o rendimento de muitos outros. É também o piso dos benefícios pagos pela Previdência a cerca de 20 milhões de pessoas (70% dos atendidos por ela).

O aumento do poder de compra do mínimo — significativo nos últimos anos — foi responsável pela inclusão social de milhões de brasileiros. Ainda está longe do valor calculado pelo Dieese como necessário para prover o sustento de uma família (que é de R$ 2.861), mas sua valorização foi essencial para uma melhor distribuição de renda.

Ela fez com que melhorassem de vida não só os que recebem o mínimo, mas também os que ganham um pouco mais e têm os rendimentos empurrados para cima cada vez que ele é aumentado. Isso, numa sociedade tão desigual como a brasileira, representou um avanço considerável.

O reajuste do salário mínimo é calculado tendo-se por base a inflação do último ano, acrescida do índice de crescimento do PIB dos dois anos anteriores.

Acenando com a pressão trazida pela valorização do mínimo sobre a Previdência (e sempre usando o suposto déficit desta última), economistas neoliberais ligados a Aécio querem mudar o cálculo de reajuste, de forma a interromper a recuperação de seu poder de compra.

O custo social disso seria altíssimo.

Não pode ser aceito, na hipótese de uma vitória eleitoral do candidato tucano.

Como se vê, o suposto déficit da Previdência está sendo usado para justificar "maldades" variadas contra o povo brasileiro.

Quem acha que uma vitória eleitoral de Aécio não prejudicaria os trabalhadores deve estar atento.

Confisco salarial

Artigo que trata do verdadeiro confisco salarial que sofrem os trabalhadores pelo fato de a tabela do Imposto de Renda não ser corrigida regularmente, segundo a inflação.
Publicado no jornal O Dia em 17/3/2015.

A PRESIDENTE DILMA Rousseff propôs um reajuste de 4,5% da tabela do Imposto de Renda este ano. O PMDB e a maioria do Congresso se inclinavam para um índice próximo à inflação do ano passado: 6,5%. Finalmente houve um acordo, prevendo percentuais diferentes, a depender da faixa salarial. Os reajustes na tabela vão de 6,5%, nas faixas correspondentes aos salários menores, a 4,5% nas faixas dos maiores.

Há 17 anos a tabela do IR tem sido corrigida por índices inferiores à inflação. Por isso, com a correção anual do salário pela inflação, trabalhadores que antes eram isentos de pagamento, muitas vezes subiram de faixa na tabela e passaram a pagar imposto. Outros, que pagavam segundo determinado percentual, passaram para um maior, por terem ido para a faixa superior com o reajuste do salário. Isso, sem terem tido aumento real.

Esse confisco salarial passa despercebido para muitos.

Quando era oposição, o PT defendia com vigor o reajuste anual da tabela do IR pela inflação. No governo, esqueceu a bandeira.

Estudo do Sindicato Nacional dos Auditores Fiscais da Receita Federal mostra que, para levar a tabela do IR ao que era há 17 anos, seria preciso reajustá-la não em 6,5%, mas em 67,88% — tal o descompasso a que chegou com as sucessivas correções abaixo da inflação.

Recentemente a área econômica do governo afirmou que, se o reajuste da tabela fosse de 6,5%, portanto segundo a inflação, haveria uma "renúncia fiscal na ordem de R$ 7 bilhões". Como se vê, os tecnocratas já contam como deles um dinheiro que era dos assalariados.

Com o acordo entre governo e PMDB e a atualização da tabela sendo feita com índices diferentes para cada nível salarial, continua a haver confisco para quem está nas faixas reajustadas abaixo da inflação (em 4,5%, 5% e 5,5%) e passa para a imediatamente acima, pagando segundo uma alíquota maior. Ainda assim, o confisco será menor do que propunha o governo.

Claro que não foi preocupação social que levou Renan Calheiros e Eduardo Cunha, respectivamente presidentes do Senado e da Câmara, a rejeitarem a proposta inicial de Dilma. Foi retaliação por não terem sido blindados nas investigações sobre a corrupção na Petrobras.

Não importa.

De qualquer forma, continua na ordem do dia a garantia de reajustes anuais da tabela pela inflação, a gradual reposição das perdas e o fim desse confisco salarial.

As aparências enganam

Este artigo discute o engano embutido em termos usados pelos neoliberais e pela mídia conservadora, que frequentemente induzem as pessoas a uma compreensão errada das questões econômicas. Ele foi publicado no jornal O Dia *em 26/1/2015.*

ANTIGAMENTE, O CHARGISTA Carlos Estêvão apresentava na revista *O Cruzeiro*, a mais importante do país, o quadro "As aparências enganam". Ele publicava um desenho que, sob certo ângulo, dava determinada impressão. Mas, quando visto por outro ângulo, mostrava situação inteiramente diferente.

Assim é no debate econômico hoje. Quem o pauta e define seus termos parte em vantagem. Vendo o que dizem o governo Dilma e a grande imprensa, me lembrei de Carlos Estêvão e de como as aparências muitas vezes enganam.

Vejamos algumas expressões em voga.

"Austeridade". Ora, só perdulários podem ser contra a "austeridade", termo que dá a impressão de seriedade e combate ao desperdício. Pois no Brasil de hoje "austeridade" quer dizer arrocho aos trabalhadores.

"Responsabilidade fiscal." De novo, só desatinados seriam contrários a uma política fiscal responsável, gastando-se mais do que se arrecada. Mas, na prática, "responsabilidade fiscal" significa a prioridade para os ganhos dos especuladores financeiros, mesmo que à custa de descompromisso com a área social.

"Busca do equilíbrio fiscal." O ministro Joaquim Levy justificou o aumento de juros e as mudanças que prejudicam os trabalhadores afirmando que isso tinha por objetivo o "equilíbrio fiscal". Então devem ser coisas positivas, pensaria um incauto. Não. Tudo o que estava em jogo ali prejudicava o cidadão comum. E equilíbrio fiscal pode ser buscado de múltiplas formas, inclusive afetando os lucros dos muito ricos. Mas a vaca tossiu de novo e nas medidas anunciadas pelo governo de novo os trabalhadores foram prejudicados. Em nome do "equilíbrio fiscal".

"Superávit primário." Superávit soa como boa coisa. É o contrário de déficit. Imagine-se o *Jornal Nacional* afirmando "o governo teve déficit em suas contas". A repercussão seria ruim. Já se ele afirma que "o governo aumentou o superávit primário", a impressão é positiva. É como se as contas melhorassem. Mal sabem os telespectadores que superávit primário é o dinheiro reservado para pagar investidores em papéis do governo — em sua maioria, bancos. Esse dinheiro é retirado de saúde, educação, segurança, infraestrutura etc. Assim, quando o governo aumenta o superávit primário é bom sinal para os especuladores. Mas mau sinal para os cidadãos comuns.

As aparências enganam mesmo...

Dez perguntas

Diante da crise econômica, os neoliberais afirmam que os trabalhadores precisam fazer sacrifícios. Agem como se a economia fosse uma ciência exata, as diferentes opções possíveis não envolvessem interesses e houvesse um só caminho para enfrentar as crises. Este artigo apresenta medidas que fariam com que os ricos pagassem a conta. Publicado no jornal O Dia em 16/6/2015.

O GOVERNO DILMA defende as medidas de arrocho como a única forma de o país sair da crise. Os dez pontos abaixo mostram que outro caminho pode ser adotado.

1. Taxa de juros — O Brasil tem os maiores juros do mundo. Eles aumentam a dívida pública, que atingiu R$ 3,3 trilhões, e tem, em sua maior parte, juros pós-fixados. A alta de meio ponto percentual nos juros eleva de R$ 7 bilhões a R$ 10 bilhões a dívida. O Orçamento para 2015 prevê a rolagem de R$ 1,356 trilhão. Isso equivale a 47% do que o país arrecadará. Para a saúde ficaram só 3,98%; para a educação, 3,73%. Por que juros assim, se eles se voltam contra o país?
2. Imposto sobre Grandes Fortunas — A Constituição prevê a sua criação. Como o imposto precisa ser regulamentado por lei complementar, desde 1988 está congelado no Congresso. Por quê?

3. Imposto sobre Operações Financeiras — Houve aumento de 15% para 20% do IOF, pago pelos bancos. Mas é pouco. Por que a alíquota de 20% para eles e uma de 27,5% no Imposto de Renda do assalariado que ganha acima de R$ 4.664 por mês?
4. Isenção para o agronegócio — Exportadores de soja têm isenção de impostos de exportação. Por quê?
5. Imposto sobre exportação de minérios — Exportadores de minério, como a Vale, pagam só 4% de imposto de exportação. Por quê?
6. IPVA — Quem tem carro paga IPVA. Quem tem iate, jatinho ou helicóptero está isento, embora todos sejam veículos automotores. Por quê?
7. Imposto Territorial Rural — O ITR arrecada em todo o país só R$ 300 milhões anuais, o que equivale ao IPTU pago pelos moradores de Copacabana. A razão é que, para efeito do imposto, são os proprietários rurais que declaram o valor da terra e o ITR é um percentual dele. Por quê?
8. Isenção de IR sobre a distribuição de lucros e dividendos — Executivos de grandes empresas não pagam IR sobre a maior parte do que recebem, pois seus vencimentos vêm sob a forma de distribuição de lucros e dividendos, que têm isenção. Por quê?
9. Isenção de IR sobre aplicações de estrangeiros em papéis da dívida pública — Os brasileiros pagam IR sobre os ganhos nesses papéis. Em 2006, Lula isentou os estrangeiros. Por quê?
10. Alíquotas do IR — Quem ganha R$ 100 mil está na alíquota máxima (27,5%), o mesmo percentual pago por quem ganha R$ 4.664. Por que não criar novas faixas acima de 27,5% para rendas mais altas?

Juros, problema de todos

Em geral, as pessoas não têm ideia do quanto suas vidas são afetadas pelo fato de o Brasil ter a maior taxa de juros do mundo. O artigo traz um alerta para a situação, afirmando que ela só interessa aos banqueiros e prejudica o conjunto da sociedade. Artigo publicado no jornal O Dia, em 3/10/2015.

Quando o governo aumenta os juros, as pessoas em geral não sabem que sua vida vai piorar. Mas vai.

O Brasil tem os juros mais altos do mundo. A chamada Selic, que é a taxa básica e serve para o governo remunerar quem investe em seus papéis, é de 14,25% ao ano. Não há, no mundo, aplicação legal com tamanho rendimento.

Juros altos trazem recessão e inibem investimentos. Tornam mais caros produtos financiados, desaquecem a economia e aumentam o desemprego.

Além disso, multiplicam a dívida pública. Cada vez que os juros aumentam, a dívida pula para cima, porque os papéis que o governo põe no mercado financeiro são indexados por esses juros.

O Orçamento deste ano prevê R$ 1,356 trilhão para rolar a dívida. Não é amortização da dívida, mas pagamento de juros. Para não ter que desembolsar essa fortuna, o governo remunera parte dos credores com novos papéis da dívida, o que a faz crescer ainda mais. Por isso, o gasto com juros (em dinheiro ou em novos papéis) em 2015 equivalerá a 47% do Orçamento.

Cada ponto percentual de aumento nos juros significa um acréscimo de R$ 30 bilhões na dívida. E, de março de 2013 até agora, os juros subiram sete pontos percentuais. Isso representou, por ano, mais de R$ 200 bilhões adicionais na dívida.

Por outro lado, a diminuição de um ponto percentual nos juros economizaria o equivalente a quase todos os gastos com educação em 2015 (estão previstos R$ 38 bilhões). E uma redução de dois pontos permitiria economizar quase tudo o que o governo quer arrecadar com o atual arrocho fiscal.

Dizem que juros altos reduzem a inflação. Mas, então, por que ela segue alta? A explicação para as altas taxas de juros é outra: a submissão do governo Dilma aos bancos. Eles ganham com juros altos. Ganham ao emprestar dinheiro e ganham ao comprar os papéis do governo.

Os lucros dos quatro maiores bancos aumentaram 40% no último ano passado. A indústria perdeu, o comércio perdeu e, principalmente, os trabalhadores perderam. Mas os bancos — ah, os bancos —, estes tiveram lucros recordes.

Juros altos premiam quem vive "de renda", punem os trabalhadores e a classe média. E prejudicam inclusive empresários do setor produtivo.

Por isso, baixar os juros é uma necessidade.

Mesmo que desagrade aos bancos.

O que não se diz sobre o BC

> *Os economistas neoliberais defendem a necessidade de independência do Banco Central (BC). A tese é uma forma de mantê-lo sob controle da banca privada, não permitindo que governos eleitos determinem sua política. O artigo discute a questão. Foi publicado em 5/8/2010, durante a campanha em que se elegeu Dilma Rousseff para seu primeiro mandato.*

HÁ DIAS, JOSÉ Serra foi bombardeado pela mídia devido a uma resposta pouco enfática em relação à independência do Banco Central. Pressionado, recuou e assumiu o discurso já feito por Dilma Rousseff e Marina Silva, prometendo manter a blindagem do BC.

Vale a pena examinar de perto esta suspeita unanimidade.

A justificativa dada para que o governo (aí incluído o próprio presidente da República) não se envolva nas decisões do BC é a importância do órgão, que não poderia estar sujeito à demagogia dos políticos. Mas, por acaso, saúde e educação — para ficar só nos dois exemplos — deveriam ficar à mercê da demagogia?

Voltando ao BC, é preciso ver que não há apenas um tipo de política monetária "responsável". E a política monetária, como parte da política econômica, deve estar integrada a esta última. Sendo assim, é natural que a autonomia operacional do BC se dê dentro das diretrizes gerais da política econômica — definida, em última instância, pelo presidente da República.

Aliás, todos os órgãos públicos devem ter autonomia operacional, guardados os parâmetros gerais determinados pelas instâncias superiores do governo.

Por que, então, o tratamento especial ao BC?

Ocorre que desde a ditadura militar o BC foi praticamente privatizado, tornando-se, na prática, muito mais um espaço da banca internacional do que do Estado brasileiro. Foi assim também depois nos governos Sarney, Collor, Itamar e FHC. E continua assim com Lula, que pôs à frente do BC um banqueiro internacional eleito, em 2002, deputado federal... pelo PSDB.

É justamente para manter essa situação de apropriação privada do BC que a banca internacional e seus defensores no país querem a sua blindagem.

Mas será que a blindagem continuaria a ser defendida se o Banco Central tivesse em sua presidência alguém de esquerda, que não comungasse da cartilha neoliberal?

Duvido muito.

Terceirização e Previdência

Artigo critica a proposta de que se permita a terceirização para contratar trabalhadores que cumprem atividades fins das empresas. Trata, ainda, dos impactos da proposta nas contas da Previdência Social. Foi publicado no jornal O Dia em 21/5/2015.

A REPRESENTANTE DO Dieese na audiência da Comissão de Direitos Humanos da Câmara que discutiu o projeto que abre as portas para a terceirização na contratação de trabalhadores apresentou dados preocupantes.

Entre 2010 e 2013, nas dez maiores operações de resgate de trabalhadores em situação análoga à escravidão, foram libertadas 3.553 pessoas. Quase três mil delas eram terceirizadas.

No setor elétrico, em 2013 perderam a vida 61 trabalhadores terceirizados, contra 18 empregados diretos. Na construção civil, foram 75 mortos terceirizados num total de 135 óbitos. Na terraplanagem, 18 das 19 mortes são nos serviços especializados.

A rotatividade entre terceirizados é o dobro da dos empregados diretos. E há inúmeros casos de calotes de empresas a trabalhadores que prestam serviços terceirizados e fecham as portas sem pagar seus contratados.

Assim, o aumento da terceirização vai precarizar ainda mais a situação dos trabalhadores.

E há outro aspecto: o impacto da terceirização nas contas da Previdência.

No governo FHC propagava-se que a Previdência era deficitária e que seria preciso aprovar uma reforma. Ela não foi aprovada devido à resistência do PT. Uma vez no governo, a primeira medida de Lula foi aprovar a mesma reforma que até então o PT barrara.

O rombo na Previdência não existe. Para sustentar a tese, compararam-se apenas as contribuições de patrões e empregados, deixando de lado outras fontes de receita da Seguridade Social: a Cofins, a CSLL e um percentual de concursos de prognósticos (loterias).

Essas outras fontes foram criadas porque a Constituição de 1988 incorporou aos beneficiários da Previdência os trabalhadores rurais, que não contribuíam e isso representou um gasto adicional.

Assim, não há déficit na Previdência.

Mas se for aprovado o projeto da terceirização, poderá haver.

Vai aumentar o número de trabalhadores contratados como pessoas jurídicas, sem registro na carteira de trabalho ou direitos trabalhistas, situação em que não haverá a contribuição dos empregadores para a Previdência. E os empregados poderão ou não contribuir como autônomos. Certamente um grande número não vai contribuir.

Assim, o tal rombo da Previdência, que era balela, poderá se tornar realidade.

A flexibilização da legislação trabalhista

Editorial do programa Faixa Livre, *lido no dia 23/10/2015. Nele é criticada a proposta de "flexibilizar" a legislação do trabalho, mostrando que seu objetivo é retirar direitos dos trabalhadores.*

O CANDIDATO TUCANO Aécio Neves tem falado, volta e meia, na necessidade de se "flexibilizarem" ou "modernizarem" as relações de trabalho. À primeira vista, essas palavras têm uma conotação positiva. Dão a ideia de avanço, de ruptura com estruturas arcaicas e atrasadas. Mas é preciso cautela para não comprar gato por lebre.

Uma das heranças positivas da Era Vargas foi a regulamentação das relações de trabalho. Mesmo que a legislação a respeito, que data de mais de meio século, necessite ser atualizada de tempos em tempos — o que é natural —, ela representou um gigantesco salto de qualidade em comparação com a realidade herdada da chamada República Velha.

Naquela época, antes da Revolução de 30, havia apenas, de um lado, a empresa com seu poder econômico e a sua possibilidade de oferecer empregos; de outro, o trabalhador precisando vender a força de trabalho para sobreviver e dar de comer à sua família. Se este último não aceitasse o salário, a duração da jornada e as condições gerais de trabalho exigidas pela empresa, ficava sem emprego. Era a negociação do lobo com o cordeiro.

A legislação trabalhista mudou esse quadro e protegeu o lado mais fraco. Ela não elimina a negociação entre patrões e empregados, mas estabelece patamares mínimos a partir dos quais ela se dá. Um contrato que atropele a lei e negue direitos assegurados por lei é nulo. Assim, se um trabalhador se vê forçado a abrir mão de direitos básicos que a lei lhe assegura para obter o emprego, mais tarde poderá recorrer à Justiça, que considerará sem valor o acordo e forçará o empregador a reconhecer os direitos subtraídos.

Ao não permitir que o acordado prevaleça sobre o legislado, a lei protege o lado mais fraco: o trabalhador.

Foi um inegável avanço. Sem ele, direitos como salário mínimo, férias, limitação da jornada de trabalho, pagamento de horas extras, proteção à gestante e ao menor e outros, existentes nos países civilizados desde o fim do século XIX, teriam se tornado letra morta diante da pressão patronal, que condicionaria o emprego à renúncia de direitos dos trabalhadores.

Na época em que foram aprovadas as leis trabalhistas, houve reação parecida com a de agora. Diziam os favorecidos pelas condições vigentes na Velha República que, se postas em prática, as medidas quebrariam as empresas ou, pelo menos, diminuiriam sua competitividade. E isso, no fim das contas, comprometeria o nível de emprego, tornando a situação pior para os trabalhadores.

Mais recentemente, com o avanço das teses neoliberais e da campanha pela desregulamentação da economia, as conquistas trabalhistas voltaram a ser postas em xeque. E, em nome da manutenção de empregos, surgiram propostas de "flexibilização" dos direitos dos trabalhadores. "Flexibilização" esta — fique claro — que é sempre para retirar, nunca para conceder, direitos aos que vivem da venda da força de trabalho.

E, com desfaçatez, há quem chame essas mudanças que nos fariam regredir a uma situação de quase um século atrás de "modernização" das relações de trabalho.

O fato é que, com Aécio e seus economistas tucanos, está de volta a cantilena de fazer com que prevaleça o negociado sobre o legislado. Não mais o negociado individualmente — como na República Velha, é verdade —, mas o negociado pelos patrões com o sindicato de trabalhadores.

Isso não muda muito as coisas. O que não falta por aí é sindicato pelego, com dirigentes corruptos, que, em troca de vantagens individuais a seus dirigentes — ou de suborno mesmo —, entregaria de mão beijada direitos dos trabalhadores que representa.

Além disso, uma situação em que existe a ameaça do desemprego é propícia para que haja chantagem dos empregadores sobre os empregados.

Assim, a retirada da proteção do Estado, consubstanciada na legislação trabalhista (que, repito, não proíbe a negociação, mas apenas estabelece patamares mínimos a partir dos quais ela pode se dar), teria consequências perversas. As chamadas "flexibilização" ou "modernização", apesar do nome simpático, nos remeteriam de volta a uma situação próxima à da República Velha. As empresas fixariam, de forma praticamente unilateral, os direitos que se dispõem a conceder aos empregados.

Negociação pressupõe relativo equilíbrio de forças. Por isso, os trabalhadores brasileiros não podem prescindir da proteção do Estado. Hoje, a tal "flexibilização" só serviria para aumentar a margem de lucro do setor privado.

Mesmo que isso se desse à custa dos direitos dos trabalhadores.

Que os incautos que pensam em votar em Aécio reflitam sobre isso.

As urnas falaram

Editorial lido no programa de rádio Faixa Livre *no dia 27/10/2014, em seguida à vitória no segundo turno da candidata do PT, Dilma Rousseff. Ele ressalta a importância de que a presidente eleita cumpra o programa prometido na campanha, o que acabou não acontecendo.*

Dilma Rousseff ganhou um novo mandato e, por mais quatro anos, vai governar o Brasil.

O resultado nos livrou de um grande retrocesso, que, sem dúvida, haveria caso o tucano Aécio Neves fosse o vencedor da eleição. Mas que Dilma preste atenção: muitos eleitores sufragaram o seu nome apenas para evitar uma volta ao passado; isso não quer dizer que estejam satisfeitos com o presente.

Certamente Dilma e os dirigentes de sua campanha têm isso claro. Não fosse assim, não teriam usado um slogan que mais parece de oposição do que de um governo que quer ser reeleito: "Governo novo, novas ideias."

Afastado o risco do retrocesso, o Brasil espera as mudanças que, desde o primeiro governo do PT, ainda com Lula, foram prometidas e sempre adiadas.

Espera uma reforma política, que ponha fim ao predomínio do poder econômico nas eleições e na política brasileira.

Espera uma reforma tributária, que cobre mais impostos dos ricos, desonerando os pobres.

Espera uma reforma agrária, uma urgência de 500 anos.

Espera uma defesa mais firme de nossas riquezas, em particular do petróleo e das áreas do pré-sal.

Espera uma democratização dos meios de comunicação de massa, especialmente os eletrônicos, pondo fim ao inconstitucional monopólio que existe no setor.

Essas reformas, e muitas outras, mexeriam com interesses dos poderosos. Mas isso não deve ser razão para postergá-las. Há momentos em que é preciso tomar decisões, mesmo sabendo que haverá resistências. Como diz o ditado popular: "Ou o veado morre ou a onça passa fome."

Não se pode agradar a todos, todo o tempo. Essas reformas são urgentes e necessárias. E são demandas do povo brasileiro.

Esse mesmo povo brasileiro espera que Dilma não continue refém da maioria conservadora no Congresso. Que, se necessário, a presidente recorra à sua participação direta, sob a forma de plebiscitos — previstos na Constituição — para livrar-se do jugo do Centrão e dos eternos donos do Legislativo.

Dos 513 deputados eleitos para a Câmara, apenas 99 são de partidos claramente pró-Dilma (PT, PCdoB e PDT). Para apoiar propostas progressistas, a eles se somam os cinco do PSol, que faz oposição programática de esquerda ao governo. Já a imensa maioria, formado por siglas sem definição política ou ideológica, como PMDB, PSD, PP, PR, PTB etc., vai querer, mais uma vez, cobrar o seu preço para apoiar Dilma.

E — que ninguém se iluda — será um preço alto e indecoroso, como tem sido nos governos de FHC e de Lula, assim como no primeiro de Dilma. Essa gente vai querer cargos e vantagens no governo. Sabe-se bem para quê.

Aceitando ou não a participação desses partidos numa coalizão governamental, se Dilma ficar refém deles não fará qualquer reforma substancial que favoreça os trabalhadores. E, além disso, estará abrindo as portas para mais e mais escândalos de corrupção.

Negociar a frio com essa gente, com figuras da estirpe de Michel Temer, Sarney, Renan, Collor e companhia, é aceitar que eles ponham a faca no pescoço da presidente.

Ou Dilma e o PT mobilizam a sociedade, jogando para ela as grandes questões nacionais e buscando apoio para as reformas, mantendo o Congresso sob pressão, ou o desfecho será melancólico: teremos mais um governo omisso no que se refere às transformações estruturais e marcado por casos de corrupção.

Dilma tem uma chance de evitar isso.

Que não a desperdice.

Para o PT refletir

Artigo criticando a política adotada pelo governo petista de Dilma Rousseff. Ele prevê que, sem fazer reformas estruturais e sem mobilizar a sociedade, o governo estaria condenado a se tornar refém do grupo conservador que controla o Congresso e, no futuro, poderia até mesmo ser alvo de um impeachment. O texto foi publicado no jornal O Globo no dia 4/11/2014.

VOTEI EM DILMA Rousseff no segundo turno. O voto foi um "não" à volta do PSDB. Muitos fizeram o mesmo. Dilma foi reeleita, mas, em parte, os votos nela foram para evitar a vitória de Aécio. Não representaram aval a seu governo.

O PT venceu porque os programas sociais e a valorização do salário mínimo melhoraram a vida de muitos. No entanto, nem tudo são flores. O antipetismo cresceu, sobretudo na classe média. O abandono de reformas estruturais — a política, a agrária, a tributária etc. —, a má qualidade dos serviços públicos, o aparelhamento da máquina e a corrupção são os principais motivos da rejeição, mais do que o incômodo por partilhar aeroportos ou universidades com pobres.

Dilma vai para o segundo mandato em mar revolto. Nem me refiro à economia. Mas o país está dividido e cresceu a intolerância. O PSDB vestiu o figurino da UDN golpista dos anos 1950. Seu pedido de auditoria na totalização dos votos, amparado apenas em comentários nas redes sociais, foi patético. Teve uma só razão: tentar deslegitimar a presidente eleita. O mesmo pode ser dito sobre a passeata de bacanas paulistanos pregando golpe militar.

Nesse quadro, não basta o PT lembrar que a distribuição de renda melhorou, por programas como o Bolsa Família. Embora positivos, eles não mudam a estrutura social injusta. Chegou um momento em que, para que as coisas não se deteriorem, é preciso avançar. E, para avançar, é inevitável afetar interesses dos poderosos.

É pouco dizer que o Ministério Público não engavetou denúncias e que a Polícia Federal teve autonomia. MP e PF são órgãos de Estado. Que trabalhem sem interferência política — o que nem sempre ocorreu no passado, diga-se — é o que se espera.

É insuficiente, também, o PT lembrar que sempre houve corrupção e que nunca ela teve tanto destaque na mídia, embora isso seja verdade. A justificativa não cola e passa impressão de leniência.

Tampouco as regras de financiamento de campanha podem ser apontadas como causa da corrupção. Elas têm que mudar, mas não justificam roubalheira.

No episódio da Petrobras — como antes em Santo André e no mensalão — há participação da cúpula do PT nos "malfeitos". Seria menos grave se os desvios em administrações do partido ocorressem à sua revelia. Não foi o caso. Que isso seja objeto de reflexão.

Repudiar a corrupção não é udenismo. Ela retira recursos que serviriam ao povo e, pior, corrói a respeitabilidade da gestão. Ninguém crê que quem rouba mantenha fidelidade a princípios.

É bom que o PT entenda: para recuperar o respeito que milhões já tiveram por ele, é preciso mudar. No que toca ao compromisso com reformas e no que toca ao trato da coisa pública.

Para tal, só há um caminho: levar o debate para a sociedade.

Negociar a frio com o grupo que controla o Congresso é ser refém de chantagem. É continuar sem fazer reformas e convivendo com a corrupção.

Aí, nas mãos do Centrão e sem apoio da opinião pública, o governo vai apodrecer e pode se tornar, até mesmo, alvo de impeachment.

Caminho equivocado

Artigo que, na contramão do que afirma a maioria da esquerda, critica a chamada Lei da Ficha Limpa, que proíbe candidaturas de pessoas condenadas em segunda instância. Texto publicado no jornal O Dia em 24/5/2010.

Participo da revolta contra a corrupção que — sai governo, entra governo — parece crescer a cada dia.

Participo da indignação diante do fato de políticos usarem o mandato para ter foro privilegiado e tentar escapar da punição por seus crimes.

Assim, compreendo o apoio popular ao projeto de lei que impede a candidatura dos chamados "fichas sujas" — assim entendidos como aqueles que têm condenação por órgão colegiado da Justiça, mesmo que ela não tenha transitado em julgado.

Não creio, porém, que este seja o caminho.

Em primeiro lugar, porque o projeto é inconstitucional, ignorando o princípio da presunção da inocência até que haja condenação definitiva.

Mas minha objeção não se deve só a aspectos legais.

O Brasil não é apenas Rio e São Paulo (se é que aí o Judiciário está isento de influências espúrias...). A aprovação do projeto significou dar poder de veto de candidaturas a oligarquias regionais, que controlam a maioria dos Tribunais de Justiça e os Tribunais Regionais Eleitorais. Lembro dois exemplos recentes.

Jackson Lago, governador do Maranhão, perdeu o mandato por decisão de um tribunal local, cedendo o lugar a Roseana Sarney, que chegou em segundo lugar na eleição.

O senador João Capiberibe, do Amapá, teve o mandato cassado por "abuso de poder econômico". As provas? Duas eleitoras afirmaram ter recebido R$ 26 para votar nele. Em seu lugar entrou alguém do grupo do ex-presidente José Sarney.

Não se pense que a situação em outros estados do Norte, do Nordeste ou do Centro-Oeste é muito diferente da do Maranhão ou do Amapá, onde Sarney controla o Judiciário.

O caminho para barrar candidatura de corruptos deve ser outro: rapidez nos julgamentos, por meio de reformas no Judiciário. O que tem uma vantagem adicional: não apenas impediria a candidatura dos corruptos, mas faria com que fossem condenados e presos.

Eleições gerais: quem as garante?

Artigo que polemiza com outro, de autoria de Vladimir Palmeira, que defendia a interrupção dos mandatos da presidente, do vice, dos senadores e dos deputados federais e a realização imediata de eleições gerais, organizadas pelo STF. Ele foi publicado no jornal O Globo em 20/3/2016.

VLADIMIR PALMEIRA, GRANDE amigo e querido companheiro político desde os idos de 1968, assinou na edição do O Globo de 16 de março um artigo intitulado "Eleições gerais já". Vladimir é daquelas pessoas com quem aprendo, mesmo quando divirjo dele. Deve ser sempre escutado com atenção.

No artigo a que me refiro, ele começa traçando um duro — e verdadeiro — retrato de nossas instituições. Mostra a desintegração do governo e do Congresso. E defende como saída a realização de eleições para presidente e vice e para senadores e deputados federais.

É uma alternativa atraente à primeira vista, dado que o Executivo e o Legislativo vivem um desgaste talvez sem precedentes na história recente. Seria, então, na opinião de Vladimir, hora de chamar o povo para se manifestar, renovando (ou não) os mandatos. Seria uma saída democrática, por meio do voto popular, e que poderia oxigenar a representação política.

Ocorre que, para que a proposta tivesse base legal, seria preciso que o Congresso aprovasse uma emenda constitucional, cassando os mandatos de seus próprios integrantes, assim como os de Dilma e Michel Temer. Alguém imagina isso possível?

A alternativa à emenda constitucional seria, a partir de uma força externa, a cassação dos mandatos dos atuais senadores e deputados, da presidente e de seu vice por meios não previstos na Constituição. Teríamos uma situação de ruptura institucional.

Aparentemente é o que propõe Vladimir. A ruptura que ele classifica de "democrática" deixaria nas mãos do STF a tarefa de organizar novas eleições.

Ora, há momentos em que levantes populares de caráter revolucionário atropelam instituições carcomidas, que merecem mesmo ir para a lata de lixo da história. Mas, no caso do Brasil hoje, é isso que se daria?

Parece evidente que não.

E, se não seria por meio de um movimento revolucionário e do povo nas ruas, quem poderia hoje cumprir o papel de protagonista de uma ruptura institucional, senão as Forças Armadas?

A história de Vladimir não permite supor que ele defenda essa saída. Mas, se não há ascenso revolucionário à vista, não poderia se dar a cassação dos mandatos do atual Congresso, da presidente e de seu vice, contra o desejo dos seus detentores, senão por meio de uma intervenção militar.

Mesmo que ela hipoteticamente tenha um objetivo positivo e progressista — a substituição de um Executivo e de um Legislativo incapazes de fazer frente às tarefas que o país exige —, será razoável supor que seja esta a saída para o impasse?

É preciso criticar a política de direita e o estelionato eleitoral praticados pelo governo Dilma e lutar por uma pauta progressista, organizando uma agenda de intervenção política que, ao mesmo tempo que denuncia o golpismo, construa uma alternativa independente de esquerda.

Este é um caminho fácil? Claro que não. Mas, na política, muitas vezes os supostos atalhos agravam os problemas.

Parece ser o caso da proposta apresentada por Vladimir.

Uma crítica ao PCB

Texto publicado no Facebook em novembro de 2014. Ele é uma crítica à política do PCB na eleição presidencial ocorrida pouco antes. Na ocasião, aquele partido teve como principal bandeira a criação do "Poder popular", apontada como um objetivo imediato.

O PCB, PARTIDO com história respeitável, comete um grave equívoco nesta eleição: a confusão de tática com objetivos estratégicos. Apesar da pouca expressão eleitoral do partido, pelo respeito que tenho a seus integrantes penso que vale a pena debater o problema.

Comecemos pelo segundo dos 21 pontos da plataforma do partido registrada no TSE: "Socialização dos principais meios de produção essenciais à garantia da vida."

Se essa proposta é para fazer propaganda do socialismo, está no lugar errado. Não deveria constar de uma plataforma eleitoral com medidas imediatas de um governo em disputa hoje. Mas, se está lá como um objetivo plausível nesta conjuntura, é ainda mais grave. Mostra um gigantesco descompasso em relação à realidade.

Vendo-se a propaganda eleitoral do PCB e examinando-se sua plataforma registrada no TSE, constata-se que estamos diante da segunda alternativa.

O eixo central das propostas do PCB[3] nesta eleição, afirmado pelos seus candidatos na propaganda eleitoral na TV, é mesmo a criação do que chama de Poder Popular. E na plataforma que registrou no TSE, o partido defende a "construção do Poder Popular, através de organizações e assembleias em todos os locais de trabalho, localidades e regiões".

O que seria esse Poder Popular? Vejamos de novo na plataforma registrada no TSE: "Propomos a construção de órgãos de poder proletário e popular que, atuando na forma de conselhos autônomos da classe trabalhadora, exercitem o processo de gestão e deliberação sobre os assuntos que dizem respeito diretamente às massas populares."

Ora, não parece haver dúvida de que estamos diante da proposta de construção de um embrião de um contrapoder, alternativo e contraposto ao poder da burguesia. Mas a construção de órgãos que configurem um duplo poder na sociedade até hoje só se deu em situações revolucionárias, e não a frio, a partir da vontade de alguns. Não por acaso, na Rússia os soviets foram criados em 1905 e em 1917, não em outros momentos.

Não há por que ser diferente no Brasil.

E isso, na hipótese de que, aqui, o caminho para o socialismo passe também pela construção de soviets, como na velha Rússia.

Assim, na situação em que vivemos falar em criar Poder Popular é retórica. Qualquer órgão criado com essa intenção não será um poder de fato. O que decidir não terá consequência prática.

Por isso, com todo o respeito que merecem os companheiros do PCB, essa proposta é uma mescla de esquerdismo, propagandismo e voluntarismo.

---

[3] O link para a plataforma eleitoral do PCB registrada no TSE é: http://divulgacand2014.tse.jus.br/divulga-cand-2014/proposta/eleicao/2014/idEleicao/143/UE/BR/candidato/280000000041/idarquivo/43?x=140614903700028000000041.

Estelionato eleitoral

Editorial lido no programa de rádio Faixa Livre *em 28/10/2014, dois dias após a reeleição de Dilma Rousseff.*

No Brasil, a direita sempre teve vergonha de se mostrar como tal. Os maiores direitistas insistem em se autodefinir como "de centro" ou até "de centro-esquerda", na maior cara de pau.

No segundo turno desta eleição presidencial, porém, ela começou a mostrar a sua cara e a se assumir como de direita mesmo.

Passada a eleição, alguns de seus expoentes sequer esperaram a posse de Dilma Rousseff, reeleita, para questionar a legitimidade de sua vitória e manifestar o desprezo pelos mais pobres, que votaram em peso na candidata identificando-a como defensora de seus interesses.

O editorial de ontem do jornal *O Globo* é exemplo disso. Ele afirma: "A eleição presidencial mais parelha dos 125 anos de história da República deixa o país dividido entre o bloco dos que produzem e pagam impostos e o dos beneficiários de programas sociais."

A afirmação está a um passo de pregar a volta do voto censitário, no qual só cidadãos com um determinado nível de renda tinham direito a voto.

Mas naquela frase há outros absurdos. Em primeiro lugar, porque não é o capital quem produz riquezas, mas o trabalho. Depois, porque, no Brasil, devido a um sistema tributário injusto, os trabalhadores já pagam mais impostos do que os ricos — ao contrário do que afirma *O Globo*.

A maior parte dos impostos é indireta, sendo cobrada juntamente com os produtos consumidos, e não sobre a renda ou a propriedade. No Primeiro Mundo é o contrário. Da taxação sobre a renda e a propriedade vem a maior parte dos tributos arrecadados.

No Brasil, 40% da renda nacional é apropriada por 1% das pessoas, gente que ganha mais de 20 salários mínimos. Mas esse contingente, que se apropria de 40% da renda, é responsável pelo pagamento de apenas 7,3% do total dos impostos.

Enquanto isso, o Imposto sobre Grandes Fortunas, previsto na Constituição, não sai do papel porque sua regulamentação é boicotada pela maioria conservadora do Congresso.

Assim, *O Globo* mente claramente em seu editorial.

No mesmo jornal, o colunista Merval Pereira, que expressa fielmente as posições do jornal, consegue a proeza de afirmar que Dilma sai enfraquecida com a vitória. E que Aécio "fez coisas admiráveis nesta eleição".

A reação da direita mostra que ela arregaçou as mangas e tratará de boicotar o governo de todas as formas. Não vai mais exigir as concessões que o PT fez até agora. Tudo indica que exigirá a rendição completa.

A Dilma se apresentam dois caminhos: tentar agradar a direita, fazendo mais e mais concessões, ou buscar apoio naqueles que lhe deram a vitória eleitoral.

É bom lembrar que sua campanha só deslanchou quando foi politizada. Primeiro mostrando a inconsistência de Marina e depois se demarcando claramente de Aécio.

Isso levou a que a eleição tivesse uma clivagem muito clara: em termos gerais, os pobres votaram em Dilma; os ricos, em Aécio —

como o próprio *O Globo* reconhece, ainda que expresse esta ideia de forma preconceituosa.

Esquecer essa clivagem que houve na eleição e voltar-se para agradar o sistema financeiro e a direita pode ser o suicídio político de Dilma.

Pois bem, ao serem ventilados os primeiros nomes como possíveis ministros há motivos de preocupação. O presidente do Bradesco estaria cotado para suceder Guido Mantega no Ministério da Fazenda.

Se isso acontecer, onde ficarão as críticas feitas a Marina por ter como conselheira a herdeira do Banco Itaú? Como ver sinceridade nessas críticas se quem as fez, em seguida, entrega a condução da política econômica ao presidente do Bradesco?

Fala-se, também, na nomeação do ex-governador do Rio Sérgio Cabral para o Ministério. Se isso ocorrer será um tapa na cara dos manifestantes que foram às ruas no ano passado pedindo mudanças. Uma nomeação como essa seria vista como um acinte.

Cabral está tão queimado que mesmo seu candidato, Pezão, fez questão de escondê-lo durante a campanha, consciente de que a associação de seu nome ao do padrinho político seria suicídio.

Em síntese: o PT só venceu a eleição porque acenou com um governo voltado para quem mais precisa.

Esquecer isso e aliar-se prioritariamente com a direita é praticar estelionato eleitoral.

E será, também, um caminho certo para se enfraquecer e perder as eleições de 2018.

Depois de muitas frustrações com os governos do PT, parte do eleitorado votou em Dilma para evitar o retrocesso que seria a vitória de Aécio e a volta dos tucanos ao poder.

Mas foi uma espécie de último voto de confiança.

É bom que Dilma e o PT não se esqueçam disso.

Por uma frente de esquerda

Artigo escrito seis meses depois de iniciado o segundo mandato de Dilma Rousseff na Presidência e publicado no jornal O Dia *em 7/7/2015. Ele defende a criação de uma frente unindo os críticos de esquerda do governo Dilma.*

O SEGUNDO GOVERNO Dilma Rousseff envelheceu precocemente. Descumpre promessas de campanha e aplica um duro ajuste fiscal, que retira direitos dos trabalhadores e faz cortes profundos nos investimentos sociais.

Joga nas costas dos assalariados os sacrifícios para a saída da crise.

Esperar que o governo modifique os rumos como resultado de disputas na sua base é ilusão. Só a pressão popular conseguirá reverter o quadro. A manifestação da Quinta-Feira Vermelha, em São Paulo no último dia 25, com mais de 30 mil pessoas, mostrou o caminho: a ocupação das ruas, exigindo o enfrentamento da crise com medidas que não penalizem ainda mais os pobres.

Essas medidas são conhecidas de todos: imediata redução dos juros; reforma tributária que corrija as gritantes injustiças; aumento de impostos para bancos e taxação dos movimentos do capital financeiro; criação do Imposto sobre Grandes Fortunas; e fim da isenção fiscal para exportações de *commodities* e da isenção tributária na distribuição de lucros e dividendos, que, na prática, isenta os grandes executivos do pagamento de impostos.

É necessário, ainda, proibir o financiamento de partidos e candidatos por empresas e barrar a pauta conservadora imposta ao Congresso, seja por Eduardo Cunha e Renan Calheiros, seja pelo próprio governo.

Para tal, é preciso ampla unidade, com a conformação de uma frente que seja voltada para a sociedade, mesmo que construa uma representação política com partidos, setores e personalidades de esquerda.

Essa frente deve ter como objetivo estimular um novo ascenso de massas, condição para alterar a correlação de forças, e não pode ser vista como instrumento para pressionar ou disputar os rumos no interior do governo Dilma.

Ela deve ser independente do governo e de oposição ao projeto neoliberal, hegemônico em seu interior, mas aberta a petistas e governistas descontentes. E não pode se confundir com o movimento em torno da chamada Frente Brasil, que mais parece uma tentativa de socorrer o governo.

Não pode, também, ter qualquer conotação eleitoral, seja para 2016, seja para 2018.

O fato é que a necessária denúncia do golpismo da extrema direita não pode levar ao imobilismo da esquerda diante do quadro atual. Seria um erro imperdoável.

Que os ricos paguem a conta da crise.

Quatorze pitacos sobre a situação política

Texto com uma avaliação da conjuntura política. Foi postado no Facebook em 15/3/2016, logo depois de grandes manifestações de rua, organizadas pela direita em todo o país, contra o governo Dilma.

1) Com os atos deste domingo, a conjuntura mudou. Seja pela dimensão muito expressiva que eles tiveram, seja pelo fortalecimento da extrema direita dentro do bloco de oposição.
2) Não serve de nada à análise política tentar minimizar a força das manifestações com afirmações do tipo "havia poucos negros" ou "nas diretas havia menos gente, mas a população do país, na época, era menor". Isso é tentar tapar o sol com a peneira. As manifestações de ontem foram muito expressivas. Em São Paulo, a PM de Alckmin estimou em 1,4 milhão de pessoas, número sem dúvida exagerado. O Datafolha, mais confiável, fala em meio milhão. É muita gente.
3) A espontaneidade nas ruas hoje é da direita. E, nas ruas, espontaneidade é força. Cartazes, fantasias e iniciativas individuais mostram pujança do movimento. Hoje é a direita quem faz isso. Os atos em apoio a Dilma têm mais a cara de

aparelhados, de coisa chapa-branca, com ônibus alugados e faixas preparadas por sindicatos.
4) Como a direita ganhou a hegemonia nas ruas, arrastou o centro. Nem todos os que foram às manifestações são de direita, mas esta dá a direção ao movimento. E, cada vez mais, dentro dela quem faz isso é a extrema direita.
5) O carimbo de "corruptos" está pregado na testa do PT e do governo Dilma. Não importa o quanto de verdadeiro isso seja (e, em certa medida, o é). O fato é que este é um dado da realidade. Nas manifestações de rua, tem sido a principal bandeira. E, por favor, não vale culpar a mídia, que dá mais destaque à roubalheira do PT do que à dos partidos de direita. Não se sabia que a mídia atuaria assim? Em vez de reclamar do *Jornal Nacional*, os petistas deveriam se perguntar por que sempre nomearam prepostos da Globo como ministros das Comunicações e nunca se atreveram a dar qualquer passo no sentido de uma Lei de Meios.
6) A direita tem um novo ícone: Sérgio Moro. E ele aceita, de bom grado, este papel. Ou não redigiria uma nota agradecendo o apoio que recebe nessas manifestações. Não é comportamento que se espera de um magistrado.
7) Dilma está nas cordas. Com a crise e o fim da situação que permitia ampliar os ganhos dos ricos e, ao mesmo tempo, desenvolver políticas sociais compensatórias, chegou ao fim a lua de mel do grande capital com o governo. E ele já não quer mais que Dilma se limite a assumir o programa antigo do PSDB. Quer mais. Exige ir mais longe do que as medidas do ajuste fiscal de Dilma. Deseja radicalizá-lo. Basta ver o programa "Uma Ponte para o Futuro", apresentado pelo PMDB, com apoio dos tucanos.
8) Um complicador para retirar Dilma é a diferença de interesses entre PSDB e PMDB e, também, as diferenças entre seus caci-

ques. Embora eles tenham identidade quanto a um programa alternativo, divergem quanto aos passos para a derrubada da Dilma. A Aécio interessa que haja a impugnação da chapa Dilma-Michel Temer ainda este ano. Neste caso, haveria novas eleições em três meses e ele se beneficiaria do efeito *recall*. Marina Silva, que rasgou definitivamente a máscara e se alinhou com a direita, também prefere essa saída. Já Serra e Alckmin querem a eleição em 2018. Para tal, é melhor que Dilma só caia em 2017, pois nesse caso não haveria eleições imediatamente. Enquanto isso, para o PMDB, não interessa a impugnação da chapa Dilma-Temer, porque o poder não ficaria nas mãos do vice. O caminho predileto do PMDB seria o impeachment de Dilma por conta de algum ato como presidente. Algo como as tais pedaladas. Mas isso ficou meio desmoralizado. Mas essa divergência de interesses dificulta a derrubada da presidente. Outro complicador é que as presidências da Câmara e do Senado estão nas mãos de gente como Eduardo Cunha e Renan Calheiros. Tirar uma presidente alegando corrupção para deixar o poder com um desses dois é dose. De qualquer forma, isso tudo tem um limite. Se o desgaste do governo se aprofundar, a direita encontrará uma solução para derrubá-la.

9) Dilma está grogue e pode ser derrubada mesmo com as enormes concessões que fez. É possível que caia desmoralizada, o que seria o pior dos mundos. E tendo ajudado a desmoralizar a esquerda, seja por estelionato político, seja pelo fato de a prática do PT tê-la associado à corrupção.

10) Setores de extrema esquerda se equivocam profundamente ao festejar o fato de Aécio, Alckmin e Serra terem sido hostilizados na Avenida Paulista e chamados de "bundões". Esquecem que Bolsonaro foi aclamado. E mesmo que Aécio, Alckmin e Serra ainda tenham gordura e possam recuperar a influência junto

a essa gente, o empurrão das ruas os levará ainda mais para a direita. Segmentos de extrema esquerda acham que isso mostra o acerto da bandeira "*que se vayan todos*". Ora, na situação atual não há "*que se vayan todos*". Ou alguém acha que o Congresso vai aprovar uma emenda constitucional encerrando o mandato de seus integrantes e chamando eleições gerais? O "*que se vayan todos*" hoje significa "*que se vaya Dilma*". Não ver isso é cegueira. Aliás, a mesma cegueira que fez com que alguns desses grupos apoiassem os mísseis da Otan contra os governos da Líbia e da Síria, que resultaram na atual situação naquela região.

11) A esquerda que não se rendeu e está fora do PT e do governo deve combater o impeachment. Seja porque ele não tem base legal e representaria um perigoso precedente, seja porque o que viria é coisa pior. Basta ver o tal programa Uma Ponte para o Futuro, do PMDB. Nada mais voltado para o atraso político e social. Nas palavras do José Luiz Fevereiro, representa um autêntico trem-bala para o passado.

12) Essa esquerda tem que fugir do dilema: "Ou apoia Dilma, ou cruza os braços." Apesar das dificuldades, tem que buscar uma terceira via, juntamente com segmentos do movimento popular, na linha do "Povo sem medo". Deve ser contrária ao impeachment e à ruptura institucional, mas deixar claro que é oposição à política direitista do governo Dilma. A partir daí, mostrar uma cara própria, com uma agenda de atos separada do PT e da CUT, cujas manifestações inevitavelmente se transformam em "Olê, olê, olê, olá, Dilmá, Dilmá". E que, não bastasse isso, têm essa leitura por parte da mídia. Ou seja, aparecem para a sociedade como se fossem manifestações de apoio ao governo antipopular da Dilma e do PT.

13) Não é uma situação fácil, como se vê. Mas é o que nos oferece a atual situação. O desfecho mais provável do atual período

petista na condução do país, depois de quatro mandatos presidenciais do partido, é a abertura de um ciclo de conservadorismo e de hegemonia da direita. E isso, não porque o PT tivesse tentado fazer reformas reais e fosse derrotado por ter contrariado interesses das classes dominantes, como Allende ou Jango. Mas porque capitulou, abandonou suas bandeiras, "lambuzou-se" (para usar a expressão do chefe da Casa Civil) e acabou sendo usado e, depois, descartado, pelo grande capital.

14) Por fim, engana-se o segmento da esquerda que, iludido, pensa que o ônus disso tudo será apenas do PT. Para a maioria da população, o PT representa a esquerda, embora há tempos não seja mais isso (ainda que tenha integrantes de esquerda). Depois dessa experiência de governos petistas, não será estendido um tapete vermelho para os setores de esquerda críticos do PT. A eles também será feita a cobrança.

Reflexões sobre o quadro político

Texto postado no Facebook em 17/3/2016, com uma avaliação da conjuntura política, um mês antes de a Câmara dos Deputados votar a admissibilidade do impeachment da presidente Dilma Rousseff.

Este artigo foi escrito ontem. Pela rapidez com que evolui a situação, corre o risco de hoje estar defasado.

Até sábado, o assunto era o pedido de prisão de Lula feito pelo MP paulista.

Domingo, a conjuntura mudou com as gigantescas manifestações da direita, pela saída de Dilma.

Segunda-feira foi marcada pelas notícias de uma possível nomeação de Lula como ministro, para proteger o ex-presidente de um mandado de prisão expedido por juízes de primeira instância. Como ministro, Lula teria seu destino determinado pelo STF.

Terça-feira apareceram o depoimento do líder do governo no Senado, Delcídio Amaral, que joga na lama petistas e tucanos, e a gravação de uma conversa de Mercadante com um assessor de Delcídio. Nela, o ministro tenta barrar a delação premiada do senador.

Amanhã, quarta, haverá manifestações pró-Dilma. Serão menos expressivas do que as da direita, domingo passado. E terão menos espaço na mídia, que fará a comparação, mostrando que o governo Dilma está isolado e sem apoio popular.

A Constituição, porém, não contempla a destituição de governos impopulares. O afastamento de um presidente precisa se apoiar em fatos previstos na lei.

Dilma e o PT fizeram por merecer a atual situação. Cometeram estelionato eleitoral, prometendo um programa e adotando o de seus adversários. Fazem um governo de direita. E se "lambuzaram", para usar expressão do ministro Jaques Wagner.

Nesse quadro, pedir eleições gerais organizadas pelo STF, como fazem alguns, tem um problema: pelo caminho legal, seria preciso uma emenda constitucional. O Congresso a aprovaria, extinguindo os mandatos de seus integrantes?

Ou a medida viria por um caminho extralegal? Nesse caso, seria resultado de um levante popular ou de uma intervenção militar. Está à vista a primeira hipótese? Parece claro que não. Assim, defender caminhos extralegais só jogaria água no moinho da direita.

A esquerda não deve apoiar o governo Dilma. Tem que ter uma cara e uma agenda próprias, afirmando suas propostas, mas se opondo à derrubada da presidente. Este caminho, além de ser eivado de ilegalidade e abrir um precedente nocivo, poria no poder gente pior do que Dilma e o PT. Basta ver o tal programa Uma Ponte para o Futuro, do PMDB, que tem o apoio tucano.

Ele é um verdadeiro trem-bala para o passado.

Propostas para uma reforma política

Editorial lido no programa de rádio Faixa Livre, *no dia 31/10/2014. Ele trata do financiamento de campanhas, das distorções na representação política e da necessidade de mudanças na forma da eleição.*

O TEMA DA moda parece ser a reforma política. Logo depois de anunciado o resultado da eleição, a presidente Dilma Rousseff fez questão de anunciar que seu esforço seria dirigido para aprová-la.

Pesquisas de opinião apontam uma expressiva maioria do eleitorado como a favor dessa reforma. Mas, é o caso de se perguntar: o que teriam em mente as pessoas que responderam afirmativamente à pergunta sobre se apoiam ou não a reforma política? Será que elas sabiam do que se tratava? Não é impossível que o grande apoio registrado nas pesquisas tenha se manifestado porque muita gente interpretou a pergunta sobre a necessidade da reforma política da seguinte maneira: "É preciso ou não uma reforma na (ou uma reforma da) política?"

Como a maioria esmagadora do povo brasileiro está descontente com os políticos e com o trabalho que eles desenvolvem, é natural que tenha havido um grande número de respostas afirmativas sobre a necessidade de reforma política.

Mas, a rigor, reforma política é um tema. E um tema vasto.

Nele cabem as mais diversas propostas. Alguém já lembrou que até mesmo a volta à monarquia poderia ser proposta no debate sobre a reforma política.

De qualquer maneira, há uma quase unanimidade em torno à necessidade de que ela seja feita.

A porca torce o rabo quando o debate vai para o concreto e as propostas começam a ser postas na mesa.

No campo progressista, tem havido certa convergência sobre as questões centrais a serem tratadas na reforma política:

1) A mudança na forma de financiamento das campanhas eleitorais e dos partidos, coibindo o peso descomunal que hoje tem o poder econômico. Assim, seria proibida a contribuição de empresas para candidatos ou partidos. Haveria apenas doações de pessoas físicas, e até um determinado limite. A proposta tem razão de ser. Afinal, empresas não são cidadãos. E, sejamos claros, não fazem doação, mas investimentos, recuperando, mais adiante, com sobras, os recursos supostamente doados. Ao contribuir decisivamente para a eleição de um parlamentar, as empresas fazem dele devedor de sua gratidão. E o favor que lhe foi feito durante a campanha é cobrado durante o mandato.

Um conjunto de entidades, entre as quais a Ordem dos Advogados do Brasil (OAB) e a Conferência Nacional dos Bispos do Brasil (CNBB), apresentou proposta ao STF para que doações para candidatos ou partidos feitas por pessoas jurídicas, ou seja, de empresas, fossem proibidas. Seis dos 11 integrantes do STF já votaram a favor dela, o que garante sua aprovação. No entanto, o ministro Gilmar Mendes, sabidamente contrário à mudança, pediu vistas do processo, supostamente para preparar melhor seu voto. Com isso, a votação foi interrompida. Como não se sabe quando Gilmar Mendes devolverá o processo, está tudo parado. De qualquer forma, mais dia, menos dia, as doações de empresas acabarão proibidas. Isso será um avanço.

2) Uma segunda questão importante é o número de deputados federais por estado. A legislação determina um limite máximo de 70 e um mínimo de oito deputados federais por estado. Isso distorce a representação. São Paulo, o estado mais populoso, tem a representação rebaixada para o teto de 70 deputados; enquanto Acre, Amazonas, Amapá, Distrito Federal, Mato Grosso do Sul, Rio Grande do Norte, Rondônia, Roraima, Sergipe e Tocantins, que, pela proporcionalidade estrita, teriam menos de oito deputados federais, acabam elegendo oito, que é o piso legal.

Qual a consequência disso? Há distorção na representação dos eleitores na Câmara dos Deputados.

3) Essa representação é distorcida ainda mais devido à existência do Senado. Neste, cada estado se representa por três senadores, seja ele populoso como São Paulo, Minas ou Rio, ou tenha um eleitorado pequeno, como Roraima. A justificativa para a existência do Senado é que ele representa a federação. Só que, na prática, os senadores não votam apenas em questões relacionadas com ela. O Senado funciona como uma câmara revisora e todos os projetos aprovados pelos deputados têm que passar por ali para se transformarem em lei. Daí que, numa reforma política digna desse nome, ou bem o Senado deveria ser extinto, ou bem ele deveria se manifestar apenas em assuntos que dissessem respeito à federação.

4) A forma de eleição de deputados federais, estaduais e vereadores deve também ser aperfeiçoada. Esses parlamentares são eleitos pelo chamado sistema proporcional — que é infinitamente melhor do que o distrital ou o distrital misto. Mas a mesma proposta a que nos referimos antes, de autoria de OAB, CNBB

e outras entidades, prevê que essa eleição passe a ser feita em dois turnos: no primeiro, o eleitor escolheria um partido; no segundo, já definido o número de vagas a que cada legenda teria direito com base na votação recebida no primeiro turno, o eleitor votaria num nome de uma lista apresentada por cada partido, com o dobro de candidatos em relação ao número de vagas que conquistou. Assim, a votação na legenda partidária definiria o número de vagas de cada partido, sem que se retirasse do eleitor o direito de escolher, ele próprio, os eleitos.

Esse modelo fortaleceria os partidos e acabaria com um problema que ocorre hoje, quando milhares de candidatos disputam cada vaga, confundindo a cabeça dos eleitores e tornando o horário eleitoral um mosaico de excentricidades.

Caminhos para a reforma política

Editorial do programa de rádio Faixa Livre, *lido no dia 3/11/2014. Nele são tratados os caminhos possíveis para que seja feita uma reforma política no Brasil.*

A REFORMA POLÍTICA é o tema do momento. Na sexta-feira passada nosso editorial versou sobre as principais propostas que ela deve conter.

Hoje trataremos dos quatro caminhos possíveis para que a reforma política seja feita.

O primeiro deles é a realização de uma Constituinte exclusiva, que debateria apenas propostas relacionadas ao assunto. Esse caminho, defendido por setores da esquerda do PT, tem dois problemas sérios. Um primeiro, de natureza legal, pois a tendência majoritária no Congresso é considerar a proposta inconstitucional, o que forçaria um recurso ao STF, com resultado imprevisível.

Mas há outro problema: nada garante que uma Constituinte exclusiva para tratar da reforma política teria uma posição favorável a mudanças democráticas, pois seria eleita dentro das regras vigentes. O peso do poder econômico seria tão grande — ou maior — quanto foram nas últimas eleições que nos legaram um Congresso ainda pior do que o anterior. Daí que o resultado pode ser o oposto do que querem os setores de esquerda que defendem esse caminho.

A partir de uma Constituinte com composição semelhante à do Congresso recém-eleito, e sem a exigência de quórum qualificado que hoje têm para aprovar as mudanças, não é impossível que a direita vote regras ainda piores do que as que temos.

O segundo caminho seria o de um plebiscito sobre algumas das propostas da reforma política. De novo, enfrentaríamos dois problemas. Primeiro, quem determinaria as perguntas? O Congresso? Se for assim, como garantir que elas sejam, de fato, as de interesse da sociedade? Depois, como equacionar sob a forma de um plebiscito a grande quantidade de opções relevantes (e falamos só das relevantes) numa reforma política? As eleições para parlamentares seriam no sistema proporcional, no distrital ou no misto? Se a opção for pelo voto proporcional, ele será no candidato ou em lista. E seria em dois turnos, com o eleitor votando numa lista no primeiro turno e num candidato no segundo, ou apenas em um turno, como é atualmente? O financiamento de campanha seria apenas público, apenas privado ou misto. Se houver financiamento privado, ele será apenas de pessoas físicas ou empresas também contribuirão? Enfim, só com os exemplos acima fica clara a impossibilidade de resolver essas questões por meio de um plebiscito. Elas dariam um nó na cabeça dos eleitores.

O terceiro caminho é o proposto pelo Centrão ultraconservador. Ele quer que o Congresso faça a reforma, votando as propostas que, depois, seriam submetidas a um referendo. Não por acaso este é o sistema preferido pelos reacionários que têm hegemonia no Legislativo. Ele põe em suas mãos a formulação do novo sistema político. Só iria à apreciação popular, num referendo, o prato feito preparado por eles. Boa coisa não deve se esperar daí.

Por fim, há a única forma que parece interessante para a esquerda: a mobilização da sociedade para apoiar, com milhões de assinaturas, a proposta de reforma política elaborada por OAB, CNBB e outras entidades sob a forma de uma emenda popular — mecanismo previsto na Constituição. Com o lastro de um vasto apoio de massa, essa proposta fechada chegaria ao Congresso tendo detrás de si milhões de apoiadores. O Centrão teria que se debruçar sobre ela num quadro de pressão.

 Esse último caminho é fácil? Não. Mas parece ser o único viável.

Cascas de banana

Artigo mostrando que a reforma política, que é necessária, pode ser um tiro no pé dos setores progressistas, dependendo das condições em que for implementada. Publicado no jornal O Globo, em 6/7/2013.

EM RELAÇÃO à tão falada reforma política, as certezas não têm durado mais de 24 horas. A esta altura, uma Constituinte exclusiva, reformas constitucionais feitas pelo atual Congresso ou um plebiscito já — propostos há pouco — são coisas velhas.

O mais provável é que se tenha simultaneamente às eleições do próximo ano um plebiscito sobre questões da reforma política. Depois, o novo Congresso formataria o aprovado. Mas isso é o provável hoje. Não se sabe até quando. Tudo pode acontecer. Até mesmo nada.

Mas, como o assunto está na ordem do dia, adianto algumas opiniões.

Primeiro, é ilusório pensar que a reforma política porá fim à corrupção. Há políticos que roubam para fazer caixa de campanha. Mas há os que roubam para enriquecer. O que diminuirá a incidência dos crimes de colarinho-branco é a punição efetiva de corruptos e corruptores, o que exige um Judiciário rápido, e não pirotecnias como transformar corrupção em crime hediondo.

O sistema político brasileiro é ruim e deve, de fato, ser reformado. Identifico-me com as propostas de financiamento público exclusivo para campanhas; voto proporcional em listas preordenadas pelos partidos depois de uma prévia em que votem os filiados; e proibição de coligações nas eleições proporcionais. São propostas semelhantes às defendidas pela maioria dos que querem um plebiscito.

Mas é provável que esses pontos sejam derrotados. Isso deve ser levado em conta pelos defensores do plebiscito.

Imaginemos os adversários do financiamento público dizendo na TV: "Em vez de darmos dinheiro para políticos fazerem campanha, vamos usar os recursos para saúde e educação." Não vai ser fácil convencer o eleitorado de que financiamento público é uma forma de moralizar, e não de sujar mais, o exercício da política.

Daí que é mais realista que os defensores do financiamento público sugiram a proibição de doações de empresas e a limitação para doações de pessoas físicas. Isso teria chances de ser aprovado. E seria um avanço.

Já para o voto em lista, necessário para fortalecer os partidos, não vejo perspectiva de vitória. É só imaginar os adversários da proposta dizendo: "Querem cassar do povo o direito de eleger seus candidatos, deixando isso para os caciques partidários."[4]

E mais grave seria a aprovação do voto distrital, em detrimento do voto proporcional — mesmo o que vigora hoje, com listas abertas. O atual sistema, ainda que seja pior do que o de listas preordenadas, é infinitamente melhor do que qualquer versão do voto distrital. Mas os defensores deste último dirão: "Ele vai permitir que o senhor vote em alguém de seu bairro, que poderá ser cobrado caso não cumpra as promessas."

O voto distrital tornaria paroquial a disputa, impedindo a eleição de candidatos de opinião. Seria o pior dos mundos. O parlamento

---

[4] Posteriormente surgiu uma proposta que aperfeiçoa o voto em lista, realizando a eleição proporcional em dois turnos.

ficaria ainda pior. Ninguém mais se preocuparia com propostas gerais para o país, mas apenas com respostas a demandas locais, pois elas é que iriam permitir a reprodução dos mandatos.

    Assim, ao contrário do que pensam alguns, a reforma política balizada por decisões de um plebiscito é perigosa. E o quadro não melhora se pensarmos que ela pode também acabar sendo feita por um Congresso constituinte eleito ano que vem. Ele não será diferente do atual e não precisará de maioria qualificada para aprovar algo. É um cenário preocupante.

    Assim, a não ser que as ruas continuem a se fazer ouvir até 2014, é bom que os defensores da reforma política ponham as barbas de molho e tenham cuidado com as cascas de banana.

Uma tese maldita

Texto que discute um ponto central para uma reforma política: o financiamento de campanhas eleitorais. Ele defende o fim do financiamento por empresas e o fim do Fundo Partidário, que direciona recursos públicos para os partidos — tese esta com que boa parte da esquerda não concorda. Publicado no jornal O Globo, em 11/2/2015.

No Brasil, a democracia e a república são tão anêmicas que propostas para aprofundá-las de forma radical tendem a ser vistas como utópicas. Mas já dizia o mestre Mário Quintana, ao se referir às utopias: "Se as coisas são inatingíveis... ora / Não é motivo para não querê-las.../ Que tristes os caminhos se não fora / A presença distante das estrelas."

Às vezes, na vida real as utopias apontam o caminho das pedras.

Na sempre defendida, mas adiada, reforma política, o financiamento de partidos e campanhas eleitorais é questão central. Mas, também nesse tema, é bom termos em vista "coisas inatingíveis". Quem sabe elas nos apontem os caminhos para um salto de qualidade.

Na campanha de 2014, foram declarados gastos de R$ 5 bilhões — uma cifra quase pornográfica. E 95% do total vieram de grandes empresas, que, claro, não fazem doações por espírito público, mas com vistas a lucros futuros.

Num gesto moralizador, em 2011 a OAB propôs ao STF uma ação direta de inconstitucionalidade (ADIn) para que se proibissem doações de empresas a partidos ou candidatos e se limitasse drasticamente o valor doado por pessoas físicas. Em abril de 2014, seis dos 11 ministros já tinham votado a favor da proposta e ela estava virtualmente aprovada. Mas o ministro Gilmar Mendes pediu vistas e a engavetou, apesar de o Regimento Interno do Supremo fixar o prazo de duas reuniões ordinárias para que a ação seja devolvida. Favorável a doações de empresas, Gilmar impede que a votação chegue ao fim.

Doações de pessoas jurídicas têm que ser proibidas. Mas é preciso ir além e impor uma mudança radical no financiamento de campanhas e partidos.

Em 2014 o Fundo Partidário distribuiu R$ 363 milhões, de forma proporcional às bancadas de cada partido na Câmara dos Deputados. Ora, é sabido que criar partido tornou-se negócio lucrativo. Basta ver a quantidade de legendas de aluguel existentes.

Assim, além de se proibirem contribuições de empresas, é preciso pôr fim também à doação de recursos públicos. Partidos e campanhas — assim como sindicatos, diga-se — devem ser sustentados por contribuição individual de seus filiados e simpatizantes, devidamente declarada à Receita Federal, num limite de, digamos, um salário mínimo por mês. Assim, após uma saudável sacudidela inicial, os partidos e as eleições se tornariam bem mais representativos da cidadania.

Em debates em que defendi essa ideia ouvi sempre: "Isso vai inviabilizar as campanhas e os partidos." Respondi: "Vai inviabilizar na forma como funcionam; mas este é o objetivo."

É uma proposta utópica, no sentido de que não seria aceita hoje pela quase totalidade dos partidos e parlamentares, mesmo que se estipulasse um período de transição.

Mas é também uma proposta utópica em outro sentido, o de apontar um caminho que revolucionaria a forma de se fazer política no Brasil.

Por isso, penso que esta tese — hoje maldita, inclusive na esquerda — deva ser encampada pelos que desejam uma reforma radical na nossa democracia e na nossa república.

Saída pela esquerda

Artigo de avaliação da conjuntura política, publicado no jornal O Globo em 17/6/2015. Ele defende uma saída pela esquerda para a crise.

O QUADRO POLÍTICO passou por grandes transformações nos últimos seis meses. Para pior. O governo Dilma envelheceu precocemente. Ao descumprir as promessas de campanha, não encontra respaldo unânime sequer em seu partido, o PT. Neste, por sua vez, se acelera um processo de desagregação política e ideológica. E o fracasso do governo, assim como os casos de corrupção, desgasta não apenas o PT, mas toda a esquerda.

A sociedade assiste a uma onda de conservadorismo sem precedentes desde a ditadura militar, capitaneada não mais pela direita clássica — seja a mais arcaica, como DEM ou PP; seja a mais moderna, como PSDB e PPS.

O PMDB, a partir da ascensão de Eduardo Cunha à presidência da Câmara, mudou o comportamento e assumiu a hegemonia da direita. Já não se limita a oferecer "governabilidade" ao governo em exercício, em troca de espaços para negócios no aparelho de Estado.

Agora tem também papel de protagonista e encampa propostas mais conservadoras do que as dos próprios tucanos. E Cunha, que controla mais de cem deputados, encabeça a onda de reacionarismo. Sua bancada é maior do que a de qualquer partido individualmente.

Os setores mais consequentes da esquerda se veem numa situação difícil. Dilma nunca os representou. Agora que terceirizou o governo, entregando a política econômica aos tucanos, por meio de Joaquim Levy, e a articulação política ao peemedebista Michel Temer, representa menos ainda.

Mas as alternativas imediatas ao PT são piores: PSDB ou PMDB. É preciso fugir dessa sinuca de bico e construir uma saída de esquerda para a crise. Os pontos programáticos para ela não são novidade.

Na economia, é preciso substituir as medidas que trazem mais sacrifícios aos trabalhadores por outras, que apresentem a conta da crise aos ricos: a queda da taxa de juros; a cobrança do Imposto sobre Grandes Fortunas; o aumento da taxação de grandes heranças; mudanças na área tributária para que, por exemplo, assalariados que ganham R$ 4.700 por mês não acabem pagando um percentual maior do que os bancos; fim da isenção de impostos sobre a distribuição de lucros e dividendos, que representa a maior parte da remuneração dos grandes executivos etc.

Na política, no momento é preciso concentrar esforços na proibição de que empresas financiem candidatos e partidos, que é fonte de corrupção e os deixa, depois, a seu serviço. O PT não é capaz de liderar o movimento por essa saída progressista. Outras siglas de esquerda tampouco. Não têm musculatura para tal.

Por isso, é urgente a conformação de uma ampla frente que incorpore partidos, segmentos de partidos, entidades democráticas e populares e personalidades, mas que, sobretudo, se abra para a sociedade e para aqueles setores e cidadãos interessados em mudar o quadro político.

Disso depende a possibilidade de uma saída progressista para a atual crise. Sem ela, o reacionarismo que vivemos continuará a crescer. O resultado será mais retrocesso e mais sacrifícios para os trabalhadores.

A PM é assassina de negros pobres

Artigo escrito em seguida ao assassinato de cinco jovens pobres, negros e mulatos pela PM. Ele denuncia que fatos como esse estavam se tornando rotina no Rio de Janeiro. O texto foi publicado no jornal O Dia em 6/12/2015.

A PM DO Rio se transformou numa corporação assassina de jovens pobres e pretos. O episódio em que cinco rapazes foram trucidados, semana passada, não foi fato isolado. Foi a repetição do que vem acontecendo. O carro dos jovens recebeu mais de 50 tiros de fuzil. Foi transformado numa peneira. Suas imagens são peça de acusação contra os assassinos. Nem numa guerra seria aceitável.

Se o episódio acontecesse no Leblon, cairia a cúpula da polícia. Mas não. As vítimas foram pobres jovens e negros. Gente marcada para morrer. Vidas que, para a PM, são descartáveis. O mais grave é que episódios como este não são acidente. São fruto de uma filosofia assassina. A filosofia com que atua a PM do Rio.

Sempre fui cuidadoso ao tratar dos problemas da polícia. Nunca fiz carga contra as UPPs, mesmo quando o projeto começou a fazer água. Via nele um passo no sentido do policiamento comunitário, no lugar da política de confronto que vitima a população das favelas.

Aceito, inclusive, o uso de blindados pela polícia — claro que não da forma como é utilizado o famigerado Caveirão, que serve para intimidar moradores. Mas como instrumento para que, em determinadas circunstâncias, policiais avancem sem trocar tiros. Mas o quadro atual é inaceitável. E enquanto não for radicalmente modificada a filosofia de trabalho da PM, chacinas como essa vão continuar a acontecer. É preciso dar um basta nisso.

É urgente a desmilitarização da polícia. Ela existe para proteger as pessoas, mesmo que seu ramo responsável pelo policiamento ostensivo use uniforme, para ser identificada pelos cidadãos. Força militar é outra coisa. Serve para destruir um inimigo. E enquanto não vem a desmilitarização da PM, é preciso proibir o uso de armas de fogo em circunstâncias ou locais em que inocentes possam ser atingidos.

É preciso que o policial seja chamado a se explicar toda vez que usa a arma de fogo, justificando cada tiro, como ocorre nos países civilizados. Por fim, é preciso ser dito algo. Ou o governador Pezão e o secretário Beltrame são coniventes com a atual política de extermínio de pretos jovens e pobres ou são incapazes de controlar a PM. Em qualquer dos casos estão despreparados para os cargos que ocupam.

UPPs na hora da verdade

Artigo que discute os problemas enfrentados pelas Unidades de Polícia Pacificadora (UPPs) no Rio de Janeiro. Ele foi publicado no jornal O Globo em 7/4/2015.

NO ÚLTIMO SÁBADO estive no Complexo do Alemão no protesto contra a morte do menino Eduardo, de 10 anos, que estava na porta de casa e levou um tiro na cabeça. O tiro foi disparado por um PM. A revolta contra a polícia era generalizada. E compreensível.

Não é razoável que policiais troquem tiros com bandidos numa favela. A possibilidade de inocentes morrerem é enorme. Não por acaso tem havido Eduardos a cada semana.

As armas dos policiais envolvidos iriam a perícia, mas eles recolheram cápsulas e projéteis, impedindo o exame. A medida permitiria saber quem matou Eduardo. No entanto, o mais importante é a mudança no procedimento da polícia.

Não importa se traficantes dispararam o primeiro tiro ou se poderiam fugir. É preferível isso à morte de um inocente. E, que fique claro: o episódio com Eduardo não foi acidente de percurso; foi consequência previsível do procedimento da PM. Só se justifica usar armas de fogo em favelas quando isso for necessário para preservar vidas humanas — de moradores ou de policiais. O mesmo vale para qualquer local de concentração de pessoas.

Quando surgiram, as UPPs pareciam trazer uma inflexão na política de segurança nas favelas. Em vez de incursões esporádicas e violentas, abrindo caminho a ferro, fogo e cadáveres, o novo modelo iria na direção do policiamento comunitário, com presença permanente do Estado, oferecendo segurança aos moradores e retomando territórios controlados por traficantes.

Mas desde o início houve erros:

1) a implantação das UPPs não foi precedida de diálogo com representantes dos moradores;
2) a decisão sobre onde seriam instaladas as UPPs respondeu a interesses do turismo e não aos reais problemas de segurança;
3) as UPPs não foram acompanhadas da presença do Estado oferecendo serviços como saúde, educação, cultura e lazer;
4) os comandantes das UPPs tornaram-se ditadores, tendo a última palavra sobre o que era ou não permitido nas favelas, ao arrepio da lei;
5) o efetivo policial era insuficiente para que o projeto das UPPs se expandisse, indo além das primeiras comunidades contempladas etc.

Entretanto, há um problema de fundo: uma polícia cidadã exige outra mentalidade de seus integrantes. Não se pode esperar comportamento civilizado de uma tropa do Bope que se exercita cantando "Soldado de preto / Qual é tua missão? / É entrar na favela / E deixar corpo no chão". Não à toa moradores se queixam da truculência de PMs de UPPs, contaminados pela cultura dominante na corporação.

Na manifestação de sábado alguns moradores gritavam "Fora UPP". É compreensível. Ela é a face visível de uma polícia violenta.

Mas o projeto de UPPs — como modelo de polícia comunitária — deve ser corrigido, não abandonado. A correção é difícil, porque exige também a transformação da polícia, que, para ser radical, implica a desmilitarização da PM. Porém, o fim das UPPs pode levar ao retorno à política de confronto, o que seria um retrocesso. Basta lembrar a última incursão policial no Complexo do Alemão antes de elas existirem, em junho de 2007.

Foram 19 mortos.

Um dos mais cruéis torturadores

Artigo denunciando que o então adido militar brasileiro na Grã-Bretanha, o coronel Armando Avólio, tinha sido torturador de presos políticos na ditadura. Avólio fora acusado pelo grupo Tortura Nunca Mais, mas o governo FHC o defendeu e recusava-se a afastá-lo do cargo. Após a publicação deste depoimento, em primeira pessoa, foi exonerado do cargo. O texto foi publicado no jornal O Globo em 26/5/1995.

ALTO, FORTE, QUASE sempre de óculos escuros e camisetas justas, que realçavam seus bíceps musculosos, o tenente Avólio não se preocupava em disfarçar a extrema vaidade. Até seu codinome, suspeito, a denunciava: Apolo, o deus grego da beleza. Mas Avólio tinha outra característica: era um dos mais cruéis torturadores do DOI-Codi no início dos anos 1970.

Eu o conheci na mesma noite em que fui preso, a 21 de abril de 1970. Como estava ferido na cabeça por dezenas de coronhadas e perdia muito sangue, chegou a ser aventada a hipótese de me levarem primeiro para o Hospital Central do Exército. Mas, como de praxe, venceram os "duros" e fui diretamente para o DOI-Codi.[5] O tenente-médico Amílcar Lobo foi chamado e, lá pelas tantas, as

---

[5] A sigla DOI-Codi referia-se ao Destacamento de Operações Internas-Centro Operacional de Defesa Interna, o principal centro de torturas de presos políticos no Rio de Janeiro.

torturas foram suspensas para que eu levasse 17 pontos na cabeça. A frio, naturalmente.

Para quem estava no pau de arara, levando choques elétricos em todo o corpo, não deixou de ser um alívio. Foi aí que percebi, pela primeira vez, a existência de Avólio. Revoltado com o fato de um médico estar me atendendo, ele dizia que eu deveria "morrer como um porco, sangrando". Para tal, assegurava, bastava que me pendurassem de cabeça para baixo.

Mais tarde, já de madrugada, numa pausa das torturas, Avólio me algemou os pulsos numa madeira horizontal rente ao chão e quebrou meia dúzia de vassouras nas minhas costas, enquanto nos xingávamos mutuamente. Ele estava inteiramente fora de si. Eu, apesar de tudo, não podia deixar de festejar sua histeria. Enquanto descarregava seu ódio, eu não estava pendurado, levando choques ou sendo afogado. Não deixava de ser um lucro.

Nos dias seguintes, Avólio se destacou pelo ódio que me dedicava e que não fazia questão de esconder. Um de seus passatempos prediletos era amarrar fios em meu corpo e ligar suas extremidades na tomada. Enquanto eu, nu e amarrado, rolava pelo chão ou corcoveava no pau de arara, ele fazia galhofas:

— Deve estar faltando energia, porque ele não acende.

O então tenente e hoje coronel Avólio não foi o único militar que se dedicou a torturar presos políticos. Ao contrário, aquela engrenagem produziu uma infinidade de Avólios. Eles são responsáveis por assassinatos e por traumas em, talvez, milhares de pessoas que até hoje estão marcadas pela tortura. Mas, apesar disso, não lhes tenho ódio pessoal. E se, aqui, lembro esses fatos é porque quanto mais o país conhecer o que se passou naquele período, mais anticorpos estará criando para que eles não se repitam.

É isso — e só isso — o que me fez prestar este depoimento.

Uma decisão histórica

Artigo elogiando a decisão judicial que acolheu a denúncia do Ministério Público Federal contra militares acusados de assassinar o ex-deputado Rubens Paiva e ocultar seu corpo. Publicado no jornal O Globo em 26/6/2014.

O JUIZ CAIO Márcio Taranto tomou uma decisão histórica ao aceitar a denúncia do MPF contra cinco militares acusados de tortura, assassinato e ocultação do cadáver do ex-deputado Rubens Paiva.

Ele explicou: estupro, tortura e assassinato de presos são crimes comuns. Não há como considerá-los crimes políticos ou conexos a estes. Crime conexo a um crime político — afirmo eu — seria, por exemplo, o roubo de um carro para usá-lo no sequestro de um embaixador a ser trocado por presos. Mas não se pode considerar, como fez o STF em 2010, que, por exemplo, o estupro de uma presa seja crime conexo ao crime político cometido por ela.

Taranto recorda tratados internacionais firmados pelo Brasil que afirmam serem a tortura e o desaparecimento forçado crimes contra a humanidade, imprescritíveis, segundo jurisprudência de tribunais internacionais que reconhecemos, entre eles a Corte Interamericana de Direitos Humanos.

Quanto aos desaparecimentos, como afirmar que as vítimas estão mortas? Não poderiam ser sequestros ainda em andamento? Não há casos de loucos que mantiveram jovens em porões durante anos, em outros países? Enquanto o desaparecimento não for esclarecido, o caso não pode ser dado como encerrado. Esta é uma das razões, aliás, da Corte Interamericana de Direitos Humanos para a jurisprudência sobre a imprescritibilidade dos crimes de desaparecimentos forçados.

No episódio Rubens Paiva, mesmo havendo a confissão de militares de que ele morreu na tortura, o Exército mantém a versão de que foi resgatado por guerrilheiros. Assim, o caso está em aberto e, a rigor, pode ser um crime em andamento.

Quando da aprovação da Lei da Anistia, em 1979, não se falava que ela beneficiaria torturadores. A polêmica era outra: se seus efeitos atingiriam todos os perseguidos políticos ou se ficariam de fora os condenados pelo que os militares chamavam de "crimes de sangue", como acabou ocorrendo. A inclusão de agentes do Estado na anistia, pela tortuosa via dos tais "crimes conexos", surgiu depois.

Depois da lamentável interpretação do STF em 2010, resta lutar pela aprovação do recente projeto do senador Randolfe Rodrigues (PSol-AP)[6] que modifica a Lei da Anistia, explicitando que ela não beneficia torturadores.

Nada tem de revanchismo a defesa do julgamento de torturadores. Não é olhar para trás. Ao contrário, é se voltar para o futuro, construindo bases sólidas para a democracia.

Por fim, cabe à presidente Dilma — de quem se diz ser dura com os subordinados — fazer valer sua autoridade e exigir a abertura dos arquivos dos órgãos militares de repressão política.

---

[6] Posteriormente o senador Randolfe Rodrigues trocou o PSol pela Rede

É preciso que a sociedade tenha pleno conhecimento do que aconteceu nos porões da ditadura. Assim como o futuro da tortura está ligado ao futuro dos torturadores, um país que não conhece sua história está fadado a repetir os erros.

O estigma da tortura

Texto redigido como resposta a artigo da viúva do tenente-médico Amílcar Lobo, que o defendia da acusação de ter sido torturador de presos políticos. Ele foi publicado na edição de 24/6/2013 do O Globo.

O TENENTE-MÉDICO AMÍLCAR Lobo examinava os presos no DOI-Codi durante as sessões de tortura. Além disso, aplicava pentotal, o chamado soro da verdade, na veia dos interrogados mais recalcitrantes. Era uma peça daquela engrenagem sinistra. Como tal, deveria ter sido julgado e condenado.

O futuro da tortura está ligado ao futuro dos torturadores. A necessidade de punição de torturadores e mandantes não é principalmente um ajuste de contas com o passado. É uma exigência para que, no futuro, a praga da tortura seja extirpada.

Por isso, foi lamentável a decisão do STF, em abril de 2010, de estender a anistia a torturadores, estupradores e assassinos de presos, por considerar que eles praticaram "crimes conexos" aos delitos políticos.

Isto posto, quero dizer que compreendo a dor de Maria Helena Gomes de Souza, viúva de Lobo, que recentemente publicou um artigo neste espaço. Por isso, relevo absurdos que ela diz, como, por exemplo, considerar que seu marido foi acusado "de forma vil". Não foi.

Vou mais longe: acompanhei a situação do próprio Lobo, depois que ele deixou o Exército. Ele, efetivamente, teve problemas de consciência pelo papel que cumpriu. E, ao contrário do outro tenente-médico do DOI-Codi, Ricardo Agnese Fayad, hoje general, deu demonstrações de arrependimento.

Conheci Lobo no dia 21 de abril de 1970, quando fui preso, ferido por dezenas de coronhadas de fuzil na cabeça, numa briga com agentes do DOI-Codi, e ele foi chamado para me atender. Foram, ao todo, 17 pontos. Dados a frio, naturalmente. Nessa mesma noite, fui amarrado a uma cadeira ao lado do pau de arara e Lobo me aplicou pentotal.

Voltei a encontrá-lo nos dias seguintes, em novas sessões de tortura, quando ele me examinou e assegurou aos algozes que eu não estava a ponto de morrer e que as sevícias poderiam continuar.

Anos mais tarde, já depois da anistia, fui levado ao seu consultório, em Copacabana, pelo saudoso psicanalista Hélio Pellegrino e o advogado Modesto da Silveira, juntamente com outros ex-presos políticos. A visita rendeu uma reportagem na revista *Veja* (11/2/1981).

Lobo voltou à baila quando, na edição de 3/9/1986 da mesma *Veja*, fez denúncias sobre o que vira no DOI-Codi. Entre elas, uma importantíssima: tinha atendido o ex-deputado Rubens Paiva, um dos "desaparecidos". Falou, também, pela primeira vez, na existência da Casa da Morte de Petrópolis, local clandestino usado para torturar e assassinar presos.

Nesse momento, já estava fora do Exército. Saíra em 1974.

Por sua participação no DOI-Codi, Lobo perdeu o registro profissional. Contribuí para isso quando, no dia 10 de agosto de 1987, prestei depoimento no Conselho Regional de Medicina (Cremerj), no processo em que ele era acusado de ter faltado com a ética médica.

Perseguido pelos militares, Lobo era alvo também da hostilidade de militantes da esquerda, que não perdoavam seu passado e o acusavam, com razão, de não ter contado tudo o que sabia.

Considero que o comportamento desses militantes — dentre os quais me incluo — foi pouco humano. Houve nele algo de *vendetta*. Lobo já era um farrapo e, ainda assim, foi acossado.

Embora ele tendo sido, sim, um torturador, teria sido preferível se tivéssemos compreendido sua angústia e, a seu lado, tratássemos de recuperar tudo o que ele sabia a respeito dos porões da repressão.

Refrescando a memória

Artigo sobre a abrangência da Lei da Anistia, contestando a tese de que ela deveria beneficiar assassinos e torturadores de presos políticos. Foi publicado no jornal O Globo *em 27/3/2012.*

O DEBATE SOBRE a abrangência da Lei da Anistia tem sido marcado por falsidades. Isso ocorreu inclusive no Supremo Tribunal Federal por ocasião do julgamento da interpretação da lei, a pedido da OAB, em abril de 2010. Na ocasião, o Supremo considerou que a anistia atingia também assassinos, torturadores e estupradores de presos políticos — o que não é verdade.

Vamos aos fatos.

O Projeto de Lei da Anistia aprovado em meados de 1979 não era o da oposição. MDB, OAB, ABI e os comitês de anistia tinham proposta diferente. Mas o projeto da ditadura venceu, ainda que por um placar apertado: 206 a 201 votos.

Aqui cai, então, a primeira mentira. Ao contrário do que se diz, a Lei da Anistia não foi fruto de um acordo entre ditadura e oposição.

Mas qual a diferença básica entre os dois projetos em disputa?

A oposição queria anistia ampla, geral e irrestrita. Isso significava que não seriam descriminados os condenados por participar da luta armada contra o regime militar.

Já o projeto da ditadura excluía os condenados pelo que ela denominava "crimes de sangue" — entendidos como ações em que tivesse havido feridos ou mortos. Tendo sido aprovada essa proposta, a anistia não beneficiou todos os presos ou exilados. Certo número deles só foi libertado devido à redução de suas penas, a partir da revisão da Lei de Segurança Nacional.

Assim, cai a segunda mentira: a consigna "anistia ampla, geral e irrestrita" jamais teve como objetivo proteger torturadores e assassinos.

Pois bem, a ditadura passou a interpretar a expressão "crimes conexos aos crimes políticos", constante do projeto aprovado, de forma desviada, com o intuito de estender a anistia aos integrantes do aparato repressivo.

Ora, crime conexo é um crime menor cometido para viabilizar outro, maior. Por exemplo, alguém falsifica documentos para cometer um crime. Ou rouba um carro para usar num assalto a banco com finalidade de financiar a luta armada. A punição é pelo crime "maior". Ao se referir a "crimes conexos" a Lei da Anistia estendia seus efeitos aos autores desses crimes.

Considerar que torturas, estupros e assassinatos seriam "crimes conexos" aos "crimes" de presos políticos é interpretação que não se sustenta.

Mas, para feito de raciocínio, digamos que se aceitasse esse descalabro. Fica, então, a pergunta: torturas, estupros e assassinatos não seriam o que os militares chamaram de "crimes de sangue"? Não estariam, portanto, fora da abrangência da anistia?

Bom, não creio que os argumentos apresentados acima sejam novidade para os ministros do STF.

O que houve quando o tribunal apreciou a ação da OAB há três anos foi, simplesmente, um julgamento político. As questões jurídicas foram esquecidas.

É o que pode se repetir agora quando, de novo, o STF se debruça sobre o assunto.

Por trás disso tudo fica a constatação: quase 30 anos depois do fim da ditadura, os militares ainda têm poder de veto sobre certas questões.

E, pior, com a aquiescência do Supremo.

Controle externo do Judiciário

Editorial do programa de rádio Faixa Livre *lido no dia 6/11/2015. Ele critica o corporativismo reinante no Judiciário e pede controle externo para aquele poder.*

No EDITORIAL DESTA quinta-feira voltaremos a um caso que já tínhamos abordado ontem: o Poder Judiciário.

Em qualquer sociedade civilizada é importantíssimo o papel do Judiciário. É a ele que os cidadãos — que, numa república, são iguais perante a lei — recorrem quando consideram ter seus direitos atropelados.

Imaginemos uma sociedade em que não existisse o Judiciário e na qual as pessoas tivessem que buscar seus direitos por conta própria, fazendo justiça com as próprias mãos. Seria o caos. Algo semelhante ao Velho Oeste americano dos filmes de caubói. Ou ainda pior.

Justamente por seu papel na sociedade, os juízes são valorizados. Ganham altos salários, têm estabilidade no emprego, são inamovíveis e aposentam-se com vencimentos integrais.

Mas também justamente por isso, eles devem ser exemplos de sensatez e boa conduta. Para serem respeitados devem se fazer respeitar.

No entanto, sensatez e boa conduta não é o que se vê no comportamento de alguns magistrados.

Foi o caso do juiz João Carlos de Souza Corrêa, que processou a agente da Operação Lei Seca Luciana Tamburini por desacato a autoridade, quando ela, no exercício de sua função, afirmou que ele era juiz, mas não deus. Tudo começou quando, em fevereiro de 2011, Luciana determinou que o carro de João Carlos fosse rebocado. A razão era simples: o magistrado não tinha consigo a carteira de habilitação, nem os documentos do veículo, que, por sinal, estava sem placas.

Fosse um cidadão comum que estivesse nessa condição, não haveria qualquer discussão. O veículo teria mesmo que ser rebocado.

Mas não era um cidadão comum. Era um juiz que se achava acima das leis.

Para não ter o carro rebocado, João Carlos argumentava ser juiz. Em contrapartida, Luciana afirmou que ele podia ser juiz, mas não era deus.

Foi o que bastou para que o magistrado se considerasse gravemente ofendido e desse voz de prisão à funcionária do Detran "por desacato a autoridade". Não satisfeito, abriu um processo contra a moça e conseguiu uma decisão da juíza Mirella Letízia, condenando Luciana, cujo salário é de R$ 3.500, a lhe pagar uma multa de R$ 5 mil. Essa decisão foi ratificada agora, em segunda instância, pelo desembargador José Carlos Paes, da 36ª Vara Cível do Rio.

Parece inacreditável, mas é verdade.

O absurdo veio a público e a advogada Flávia Penido organizou uma vaquinha na internet para que se levantasse o valor da multa. Menos de 24 horas depois, mais do que o dobro dos R$ 5 mil foi arrecadado. A página que explicava o acontecido e pedia a contribuição dos internautas recebeu o nome de "A divina vaquinha", numa referência irônica à razão da condenação de Luciana.

Segundo a advogada promotora da iniciativa, o objetivo não foi apenas ajudar Luciana financeiramente, mas demonstrar que sua atitude não foi em vão e que ela não está sozinha.

Mesmo já tendo sido derrotada duas vezes, Luciana informou que continuará a recorrer e levará o caso ao Superior Tribunal de Justiça, o STJ.

Nas redes sociais e na imprensa começaram a surgir outras histórias envolvendo o juiz João Carlos. Pelos relatos feitos, a questão envolvendo Luciana não foi a primeira em que ele acenou com sua condição de juiz para resolver problemas do dia a dia.

O episódio serviu, pelo menos, para duas coisas.

Primeiro, demonstrou que a sociedade civil não está morta. A solidariedade a Luciana foi estimulante.

Depois, serviu também para demonstrar, mais uma vez, a necessidade de um controle externo sobre o comportamento dos juízes — aliás, como em qualquer instituição. O magistrado envolvido neste caso deveria ter sido punido, por invocar sua condição de juiz para resolver uma questão de natureza particular, obtendo privilégios.

O controle externo é essencial porque, na prática, o corporativismo acaba levando a que juízes não punam juízes. É frequente os órgãos de correição passarem a mão na cabeça dos colegas que cometem desvios de conduta.

Em tempo: controle externo não significa intervir nas decisões tomadas pelo Judiciário no uso de suas atribuições, retirando de suas mãos a independência para o julgamento dos casos.

Mas significa, sim, que sua conduta e eventuais punições não devem ser apreciadas por colegas de toga, que, por espírito de corpo, tendem a um protecionismo que não interessa a ninguém.

Nem ao Judiciário em si, nem à sua imagem e muito menos à sociedade a quem ele deve servir.

Desengaveta, Gilmar

Editorial lido no programa de rádio Faixa Livre *em 10/11/2014. Ele critica o comportamento do ministro Gilmar Mendes, do STF, que engavetou ação pedindo o reconhecimento da inconstitucionalidade de doações de pessoas jurídicas para campanhas eleitorais e partidos.*

EM RECENTE ENTREVISTA ao jornal *Folha de S.Paulo*, o ministro Gilmar Mendes, do STF, manifestou preocupação com o fato de que — ao final do segundo mandato de Dilma Rousseff, daqui a mais quatro anos — os dois presidentes petistas, Lula e Dilma, terão indicado dez dos 11 integrantes daquela corte. Com isso, deixou subentendida a ideia de que os ministros do Supremo não votam por sua consciência, mas de acordo com os interesses de quem os indicou. Foi um ato de deselegância para com seus pares.

O que está por trás disso?

É que Gilmar está engajado na campanha para que seja aprovada a chamada PEC (projeto de emenda constitucional) da Bengala. Vou explicar: os integrantes do STF são aposentados compulsoriamente ao completarem 70 anos de idade. Essa PEC mudaria a idade da aposentadoria compulsória para 75 anos.

A justificativa dos defensores da medida é que, para o tipo de trabalho executado pelos ministros do Supremo, 75 anos seria uma idade razoável para a aposentadoria.

Pode ser que sim.

Mas a verdadeira razão para que queiram aprovar a PEC da Bengala agora é outra: caso seja mantida a idade de 70 anos para a aposentadoria, mais ministros terão que sair, abrindo possibilidade de que a presidente Dilma indique seus substitutos. E, como já foi dito, ao fim de seu segundo mandato, dez dos 11 ministros da corte terão sido indicados por ela ou por Lula.

Ou seja, estamos diante de um casuísmo.

Por isso, se for o caso de se aprovar a PEC da Bengala, como quer Gilmar Mendes, por que não fazer valer o novo limite de idade apenas para os novos integrantes da corte? Assim, daqui para a frente, quem entrasse poderia ficar até os 75 anos. Os demais manteriam o limite atual de 70 anos. Estaria afastada qualquer suspeita de casuísmo.

O fato é que a lei determina que o presidente da República indique os ministros do Supremo. Depois de sabatinados pelo Senado, eles são nomeados. Foi assim com os indicados pelos presidentes petistas Lula e Dilma e foi assim também com Gilmar Mendes, indicado por Fernando Henrique Cardoso.

Essa questão não foi lembrada na entrevista da *Folha*.

Outra pergunta não foi feita a Gilmar: quando ele pretende devolver o processo da ADIn de número 4.650, proposta pela OAB, e que visa a proibir o financiamento de campanhas eleitorais por empresas?

Num momento em que a reforma política é o tema central na agenda institucional do país, o financiamento das campanhas e dos partidos assume grande importância. Como empresas não são cidadãos e não fazem filantropia, mas sim investimentos, a OAB, em boa hora, encaminhou essa ADIn ao STF.

O montante de gastos de empresas no financiamento de campanhas eleitorais é assustador.

Pois bem, seis dos 11 ministros do STF já votaram a favor da proibição do financiamento de empresas. Portanto, a questão está praticamente decidida. Gilmar, porém, que é favorável a deixar as coisas como estão, em abril deste ano pediu vistas do processo, paralisando a apreciação da ADIn, a pretexto de preparar melhor seu voto. De lá até agora não se teve mais notícia do processo. Gilmar praticou o que advogados chamam, com ironia, de "embargo de gaveta".

Seu gesto teve um objetivo. Impedir que a ação da OAB fosse votada pelo Supremo e a proibição entrasse em vigor já nas eleições deste ano, nas quais, mais uma vez, empreiteiras, bancos e grandes empresas entraram com rios de dinheiro. E não há notícias a respeito de quando sua excelência vai permitir que a votação prossiga normalmente.

Dada a importância da reforma política e das normas sobre o financiamento de campanhas, para que se possa coibir a nociva influência do poder econômico é preciso que Gilmar devolva logo o processo e a votação no STF possa prosseguir normalmente.

Nem que, para isso, seja preciso uma campanha em todo o país.

Aliás, a campanha poderia até ter como lema: "Desengaveta, Gilmar."

A democracia só teria a ganhar com isso.

E aí, Lewandowski?

Artigo publicado no jornal O Dia em 6/4/2015. Ele pede providências ao presidente do STF, Ricardo Lewandowski, para que o ministro Gilmar Mendes permita o prosseguimento da votação sobre uma solicitação da OAB e da CNBB para que fossem consideradas ilegais doações eleitorais feitas por empresas.

QUARTA-FEIRA, DIA 1º de abril, fez um ano que o ministro Gilmar Mendes engavetou a ADIn nº 4.650, que já está praticamente aprovada no STF por contar com seis votos a favor, dos 11 possíveis. A ação, de iniciativa da OAB e da CNBB, solicita que o Supremo proíba doações eleitorais de pessoas jurídicas, por inconstitucionais, pelo fato de empresas não serem cidadãos. Mas Gilmar pediu vistas do processo e não o devolveu, interrompendo sua tramitação.

O objetivo do ministro, admitido explicitamente em entrevistas a jornais, é impedir que a votação se conclua e que, com isso, essas doações sejam proibidas. Gilmar já conseguiu seu intento nas eleições de outubro passado, quando, ao segurar o processo, garantiu que as doações de empresas continuassem a ser feitas.

Sua atitude atropela o Regimento Interno do Supremo, que fixa prazo de duas sessões ordinárias para a devolução de processos retirados de votação por pedido de vistas (art. 134).

Gilmar não nega já ter opinião formada sobre a questão. Justifica o engavetamento alegando que o assunto deve ser apreciado pelo Congresso, e não pelo STF. Estaria certo se a ação dissesse respeito à elaboração de lei eleitoral. Mas ela é sobre a constitucionalidade ou não de doações de pessoas jurídicas. É, portanto, sim, tema para o Supremo.

Não fosse assim, a votação no STF nem teria começado. Gilmar, ou outro ministro qualquer, levantaria uma preliminar sustentando que a ação não deveria ser apreciada. Mas, não. O processo teve tramitação normal. Interrompê-la depois, com base numa interpretação apresentada tardiamente, e tentar sustar de forma unilateral o andamento do julgamento — ainda mais com um artifício que atropela o regimento do STF — é inaceitável. Com seu gesto, Gilmar toma o lugar do tribunal como um todo, num desrespeito aos seus pares.

A situação exige uma tomada de posição do presidente do Supremo, Ricardo Lewandowski, até agora omisso. Ele tem poderes para determinar que a votação seja concluída. Está na hora de fazê-lo.

Já há nas redes sociais uma campanha com o mote "Desengaveta, Gilmar".

Pelo visto, para que o STF cumpra seu papel, vai ser preciso organizar outra, com o slogan "E aí, Lewandowski?"

A luta armada foi derrotada.
Seus combatentes serão sempre lembrados

Texto redigido no segundo semestre de 2015 especialmente para a Agenda de 2016 do Núcleo Piratininga de Comunicação (NPC). A agenda homenageia lutadores sociais e lembra acontecimentos e datas importantes na história do país.

A DERRUBADA DO governo João Goulart em 1964 e a instauração da ditadura abalaram a esquerda brasileira. O país vivera a maior mobilização dos trabalhadores de sua história. As reformas de base, pelas quais se lutava, não desembocariam no socialismo, mas trariam uma sociedade mais justa e fraterna. É natural que, depois da derrota, a esquerda se debruçasse num processo autocrítico.

Foram duros os questionamentos às ilusões de classe do PCB, o partido hegemônico na esquerda, que confiou que um golpe militar não viria e que, se viesse, seria esmagado pelo propalado, mas inexistente, esquema militar de Jango.

A derrota contrastava com a recente e vitoriosa Revolução Cubana. Isso acabou empurrando parcela expressiva da esquerda brasileira para a luta armada, vista como o único caminho para derrubar a ditadura e avançar para o socialismo.

Experiências vitoriosas sempre exerceram forte influência sobre revolucionários no período imediatamente posterior. Os socialistas russos de 1905 trataram de repetir a Comuna de Paris. Mao e os comunistas chineses, antes de empreenderem a Grande Marcha, passaram pelos reveses de Xangai e Cantão na segunda metade dos anos 1920, quando tentaram a construção de sovietes nas cidades.

"Nunca somos completamente contemporâneos ao presente. A história se desenvolve mascarada: entra no palco com a máscara da cena precedente. (...) A culpa, evidentemente, não é da história, mas da nossa perspectiva, carregada de recordações e imagens aprendidas. Vemos o passado superposto ao presente, ainda que esse presente seja uma revolução."

As palavras são do intelectual francês Régis Debray, autor do célebre livro *Revolução na Revolução*, que chegou a ser quase uma bíblia para muitos revolucionários latino-americanos.

Mas, por uma dessas ironias da vida, o próprio Debray, que alerta para o peso do passado na consciência presente dos revolucionários, se deixa levar por ele. Apenas quatro páginas depois das palavras citadas acima, no seu livro ele aponta de forma explícita o modelo cubano como o caminho para a revolução no continente.

"Hoje, na América Latina, uma linha política que não possa expressar-se efetivamente numa linha militar coerente e precisa não pode ser tida como revolucionária. (...) A Revolução Cubana oferece aos países irmãos americanos uma resposta (...) através da guerra de guerrilhas levada em zonas rurais mais propícias, de uma força móvel estratégica, núcleo do Exército popular e do Estado Socialista."

A experiência exitosa de Cuba não contagiou só Debray. A vitória — reforçada pela heroica luta do povo vietnamita — parecia dar um recado a todos os revolucionários latino-americanos: a luta de massas está fadada ao fracasso e só a guerrilha levará à vitória.

O recado também chegou ao Brasil.

Nas circunstâncias do nosso país, dado o nível de luta e de organização das classes populares, a dimensão do território e a força política, militar e econômica das classes dominantes e do imperialismo — que não mais seriam apanhados desprevenidos, como ocorreu em Cuba —, a guerrilha não tinha chances de sucesso.

Malgrado a legitimidade da luta armada (é sempre legítimo que um povo se levante em armas contra um regime de opressão!), ela não poderia ter êxito. Foi um erro político.

Mas a geração que se jogou por inteiro na tentativa de derrubar a ditadura pelas armas merece reconhecimento. Tentou alcançar as estrelas e viveu a política no seu sentido mais nobre e pleno.

Esteve do lado dos humilhados e explorados, não hesitou em abraçar as propostas mais generosas para a humanidade e dedicou a vida à tentativa de construir uma sociedade mais justa. Pagou caro, sob a forma de morte, prisão, tortura e exílio.

A luta armada no Brasil foi derrotada.

Seus combatentes merecerão sempre todo o respeito e admiração.

Rápidas impressões de uma viagem a Cuba

Relato de impressões de uma viagem de uma semana a Cuba, em agosto de 2015. A pedido de amigos foi redigido este texto, postado no Facebook.

À GUISA DE introdução, lembro algumas coisas, antes de entrar nos problemas por que passa a sociedade cubana.

Mesmo com a crise internacional, que tem servido de justificativa para a recessão brasileira, Cuba cresceu 4% no ano passado. A previsão para este ano é que o patamar se mantenha.

Em que pese o fim do bloco socialista, que afetou muito o país, Cuba ainda tem os melhores indicadores de mortalidade infantil e mortes por parto das Américas. Seus números são melhores inclusive do que os dos Estados Unidos. Isso é fruto da atenção especial à infância e às mulheres grávidas.

Cuba tem a maior expectativa de vida das Américas, superior mesmo à dos Estados Unidos, o que chega a surpreender.

Cuba tem os melhores sistemas de saúde e educação das Américas, o que é reconhecido por organismos internacionais.

Algo que salta aos olhos de quem chega a Cuba é o fato de o nível médio de informação e cultura dos cubanos ser muito maior do que os brasileiros. Aqui, é raro uma pessoa humilde conseguir articular de forma coerente seu pensamento em frases concatenadas. Basta ver a maioria das entrevistas dos jogadores de futebol. Lá, qualquer um tem uma facilidade de expressão e um conjunto de informações que salta aos olhos.

Por fim, é justo lembrar que, ao se comparar a vida em Cuba hoje com a de outros países, é preciso que essa comparação seja feita com países similares a ela na época da revolução, como República Dominicana, Guatemala, Honduras etc. Não com países europeus, que já tinham um patamar superior de desenvolvimento. E, comparada com as populações de países que estavam em seu patamar de desenvolvimento, é inegável que a população de Cuba vive muito melhor do que elas.

Bom, isso posto, vamos aos principais problemas da sociedade cubana hoje.

O problema maior continua a ser, e será ainda por algum tempo, a questão das duas moedas — o peso cubano, com o qual são remunerados aqueles que trabalham para o Estado, e o CUC, a moeda criada pelo Estado cubano, conversível para euro ou dólar em lojas estatais.

O governo continua garantindo produtos básicos na *libreta*, mas em quantidades insuficientes para o que uma família consome ao longo do mês. E com pesos cubanos é pouco ou quase nada o que se consegue comprar *por la libre*. Consegue comprar o excedente quem dispõe de CUCs. Por isso, quase todo mundo se vira, de uma forma ou de outra, para conseguir moedas fortes, a serem convertidas em CUCs.

É comum, e tolerado, embora seja ilegal, que alguém que tenha um carro o use informalmente como táxi (lá não há taxímetros, e as corridas são combinadas antes com o passageiro). E pagas em CUCs. Muita gente deixa o país ou fica em Cuba trabalhando fora de sua qualificação, em geral em algo vinculado ao turismo, para receber em CUCs.

Uma amiga cubana, engenheira, fluente em inglês e francês, largou o trabalho na sua profissão para trabalhar como funcionária administrativa de um consulado. Agora, tem uma oferta de emprego no Canadá para trabalhar na sua especialização, o que a deixa dividida, pois não gostaria de deixar Cuba.

Um cubano historiador, com quem conversei, ganha em pesos o equivalente a 40 CUCs — o mesmo valor que um grupo de quatro de nós pagou a um taxista para nos levar a uma praia fora de Havana e ficar à nossa disposição uma tarde inteira, esperando para nos trazer de volta. O historiador com quem conversei complementa seu orçamento porque às vezes dá palestras fora de Cuba e tem livros publicados no exterior.

Outra amiga, que participou da guerrilha e teve alto cargo na administração, hoje está aposentada e complementa os vencimentos alugando quartos em seu apartamento para pessoas recomendadas que vão a Cuba como turistas. Seu apartamento tem três quartos, é bem mobiliado e com vista para o mar.

Muitas famílias recebem ajuda de parentes que vivem no exterior. E não é uma emigração política, mas econômica. Essa emigração já não é mais malvista, como nos primeiros tempos da revolução, quando quem saía era considerado quase contrarrevolucionário e desertor.

Além desse dinheiro enviado informalmente por pessoas da família ou amigas, há os contratos que o governo cubano com outros países faz para a exportação de cérebros. Aliás, hoje é esta, e não o turismo, a maior fonte de receita para Cuba. Para que se tenha uma ideia, o país tinha seis mil médicos quando da revolução. E três mil foram embora nos primeiros anos. Hoje tem 11 mil só no Brasil.

Abrir-se para o turismo e, consequentemente, para o sistema de duas moedas foi inevitável depois do fim da URSS e do bloco socialista, por mais que traga problemas. Não fazer isso seria não se sustentar ou caminhar para algo parecido à Coreia do Norte — o que, além de indesejável, no caso cubano seria impossível, até pela localização geográfica do país.

Mas como sair dessa situação das duas moedas? A aposta é no fim do bloqueio. Hoje Cuba não tem crédito em bancos internacionais, sendo obrigada a pagar à vista tudo o que compra no exterior. Qualquer navio que atraque na ilha não pode ir aos Estados Unidos durante seis meses. E as empresas que fazem negócios com Cuba não podem fazer negócios com os EUA.

A normalização das relações permitirá não só um incremento do turismo, mas também investimentos na área produtiva — sejam privados, em parceria com o Estado, sejam estatais. A mão de obra superqualificada que tem o país poderá ser mais bem aproveitada. O Estado vai arrecadar mais, conseguir pagar melhor a quem trabalha para ele e, assim, ir diminuindo a diferença de padrão de vida entre quem trabalha por fora, recebendo moeda forte, e quem recebe pesos cubanos. Com o tempo acabaria o sistema de duas moedas. Não é uma aposta de curto prazo, como se vê. Mas não parece haver outro caminho.

A situação atual traz mais problemas, além dos tratados acima. A agricultura, por exemplo, tem sido um calcanhar de aquiles desde a revolução. Cuba tem sol o ano inteiro e terras férteis. No entanto, não consegue suprir sua população dos alimentos necessários, tendo que importá-los em parte.

O aumento da produtividade exigiria insumos e fertilizantes, além da mecanização — e tudo isso só seria possível com divisas, que não existem. Muitos jovens provenientes do campo, depois que estudam e completam o ensino médio, não querem mais ficar lá. Preferem ir para a cidade e, às vezes, até trazem os pais. Resultado: a população rural é velha.

Hoje o Estado compra, a preços que ele mesmo fixa, 80% da produção do campo. Os outros 20% podem ser vendidos *a la libre*, a preços fixados pelo produtor. Perguntei se não seria o caso de se tentar uma espécie de NEP[7], dando maior liberdade para os camponeses venderem por sua conta a produção. Soube que isso já foi tentado, mas o resultado foi a diminuição da oferta de alimentos e o aumento dos preços. A explicação é que, com pesos cubanos, não se pode comprar grande coisa. Assim, não havia incentivo para que os produtores rurais aumentassem a produção, pois isso não se refletiria num maior consumo para eles. Quando foi feita a experiência, os camponeses aumentaram os preços e trabalharam menos. Não houve aumento da oferta de alimentos.

De qualquer forma, o pior momento — muito pior, na opinião de todos — foi durante o "período especial", nos anos seguintes à desintegração da União Soviética e ao fim do chamado bloco socialista. Não havia o turismo e as pessoas passaram grandes necessidades. Por isso, mesmo quem fala das dificuldades de hoje não deixa de registrar que, comparado àquele período, elas são pouca coisa. Estou convencido de que Cuba só não naufragou, como os "socialismos" do Leste Europeu, porque a direção do PC sempre teve a política no comando. O trabalho de politização do povo foi intenso, em todos os momentos. E isso não era só no discurso, mas na prática.

Um exemplo foi quando da ajuda de Cuba a Angola, quando da intervenção militar da África do Sul racista que resolveria o conflito a favor dos "movimentos de libertação" de direita. A população atendeu ao chamado de Fidel Castro — que bateu na tecla da dívi-

---

[7] NEP — Nova Política Econômica, experiência levada a cabo nos anos 20 do século passado, aumentando a margem para modelos capitalistas no campo num momento em que a agricultura estava devastada pela guerra civil, com o intuito de incentivar a oferta de alimentos.

da histórica que Cuba tinha com os africanos, cujos antepassados tinham sido trazidos como escravos — e se inscreveu em peso para lutar ao lado dos militares profissionais cubanos enviados para aquele país africano.

Essa politização e o sentimento patriótico no bom sentido (porque defensivo, e não para oprimir outra nação) se manifestam a toda hora. É sintomático que, quando da libertação dos "cinco heróis" que estavam presos nos EUA, acusados de espionagem, a população tenha acorrido espontaneamente para as ruas. Todo mundo se abraçava, mesmo sem se conhecer.

Já se nota um grande incremento do turismo, em comparação aos últimos anos. Havana Velha, proclamada patrimônio histórico da humanidade, está sendo toda reformada, com recursos da Unesco. O que não está pronto está em obras. E sua arquitetura belíssima impressiona. Há uma enorme quantidade de restaurantes, bares, pequenas lojas (às vezes em casas de família cujas portas dão para a rua) vendendo todo tipo de suvenires, quase sempre relacionados com a revolução e seus heróis, ou com símbolos do país.

Aqui, vale uma reflexão. Nós notamos no Brasil a presença do imperialismo, mas ela não é nem de perto o que havia em Cuba. Lá, chegou a existir uma lei legalizando intervenções armadas americanas que só foi extinta com a revolução. Cuba era pouco mais que uma colônia. Ao longo da história do país houve inúmeras intervenções armadas dos EUA e a arrogância imperialista era brutal.

Eu diria até que o processo revolucionário — ao lado do combate à "tirania" de Batista, como eles se referem à ditadura cuja derrubada deu início à revolução — teve como componente essencial a recuperação da dignidade nacional. Mais até que a questão do socialismo. Circunstâncias históricas fizeram com que só a revolução socialista pudesse recuperar a dignidade nacional. E uma coisa se uniu à outra.

A impressão é que, no futuro, com a abertura econômica, haverá uma significativa diminuição da presença do Estado em tudo o que não for serviço essencial ou atividade econômica relevante, que dificilmente será deixada ao sabor do mercado.

Assim, a situação de hoje, quando o Estado é parceiro em quase todas as atividades econômicas relevantes com presença estrangeira (por exemplo, com 50% dos hotéis), vai mudar. Ao lado da multiplicação de pequenas iniciativas privadas individuais ou familiares, tende a haver maior abertura em ramos como hotelaria e outros não essenciais. Mas penso que o partido jogará todo o seu esforço para continuar garantindo saúde, educação e os serviços essenciais de forma universal, assim como mantendo o controle das atividades econômicas mais relevantes.

Já não se vê num horizonte visível uma abertura política, no sentido que conhecemos aqui. E isso não parece ser uma demanda da sociedade. Todas as pessoas politizadas com quem conversei valorizam muito o papel do Partido Comunista, não apenas como guardião de determinadas conquistas sociais, mas quase como um guardião da nação. Embora a abertura política possa trazer mais debate, creio que este se dará no partido e em seu entorno. Pluripartidarismo, nem pensar. Pelo menos num horizonte previsível.

Deve, ainda, ser registrado que não há qualquer clima opressivo ou de medo. Aliás, quase não se vê polícia. Muito menos crimes ou atos de violência. Pode-se caminhar pelas ruas a qualquer hora do dia ou da noite sem qualquer receio de assalto. E só ouviu falar de Yoani Sánchez, aquela blogueira reacionária que anda pelo mundo falando mal de Cuba, quem é especialmente bem informado. Aliás, sempre se refere a ela de maneira depreciativa.

O incremento do turismo já abriu novas possibilidades aos cubanos. Os restaurantes cheios de turistas geram empregos. E não só para cozinheiros e garçons. Cada um deles tem um grupo musical, quase sempre de boa qualidade (aliás, não conheço um povo tão musical como o cubano, nem um país com tanta gente talentosa no campo da música). Os músicos que tocam nos restaurantes não são pagos por estes e vivem do que recebem quando, nos intervalos, correm o chapéu entre os fregueses. Isso é tão recorrente que chega a chatear, às vezes. Ao longo de um almoço, as pessoas são instadas a contribuir duas ou três vezes.

A oferta de charutos nas ruas é, também, grande. E, claro, eles são desviados (assim como outros produtos: é comum quem trabalha na limpeza, por exemplo, desviar uma coisa ou outra, para reforçar seu orçamento doméstico). Fiquei com a impressão que esses pequenos casos de corrupção (ao contrário de corrupção entre dirigentes do partido ou do estado) são meio que tolerados. As camareiras dos hotéis perguntam permanentemente aos hóspedes se eles estão satisfeitos com seu trabalho ou quando estes vão embora e, às vezes, são explícitas no pedido de gorjeta.

Nesse quadro geral, como é inevitável, a prostituição ganhou impulso. Numa caminhada por Havana Velha, de noite ou de dia, um turista é quase sempre abordado por prostitutas. Em geral de forma discreta. Na entrada ou nos bares dos hotéis, elas também circulam, com a clara cumplicidade dos empregados. Tive a impressão de que há também tolerância das autoridades em relação à prostituição, sempre que esta não envolva menores e seja uma atividade particular e isolada, sem a exploração do lenocínio. Penso que essa postura é razoável.

Recomendo, ainda, aos visitantes que deem uma olhada na TeleSur, uma TV aberta de iniciativa do governo venezuelano, em parceria com outros governos latino-americanos. Lamentavelmente o governo brasileiro teve receio de despertar a ira dos grandes meios de comunicação aqui e não entrou no projeto. Só se pode assistir à TeleSur pela internet. A emissora é exemplo de TV de boa qualidade.

Enfim, essas foram minhas impressões sobre Cuba de hoje. É um país que recomendo a todos a visita. Tem um povo muito parecido com o nosso, alegre, musical e que, pela sua resistência anti-imperialista e pela luta para construir uma sociedade mais justa, merece o maior respeito.

Festival de hipocrisia

Texto sobre o tratamento discriminatório dado ao Irã pelas grandes potências devido ao seu programa nuclear. Ele foi postado no Facebook em novembro de 2010.

NÃO PENSO QUE o Irã seja um modelo de democracia, nem que seu presidente seja um exemplo de lucidez.

Não considero benéfica a mistura de religião com política — como acontece no Irã.

Não acredito que o programa nuclear do Irã seja apenas para uso pacífico.

E creio ser desejável para a humanidade um mundo sem armas nucleares.

Mas vejo hipocrisia na tentativa de fazer do Irã o vilão internacional, por conta de seu programa nuclear e por ele não se submeter às exigências do Tratado de Não Proliferação Nuclear (TNP).

É convenientemente esquecido o comportamento de países como Israel — o principal inimigo do Irã na região, que tem armas nucleares.

Israel tampouco assina o TNP e não permite inspeções internacionais em seu território. Além disso, mantém territórios estrangeiros sob ocupação militar e desrespeita seguidamente resoluções da ONU, sempre com o respaldo dos Estados Unidos. Sua última façanha — digna dos nazistas — foi o recente ataque ao comboio humanitário que levava alimentos e remédios para a Palestina.

As grandes potências (EUA, Rússia, Reino Unido, China e França) recusam-se a fixar prazos para seu desarmamento nuclear. Tampouco se comprometem a não modernizar os arsenais atômicos. E, com a exceção da China, sequer descartam a possibilidade de ataques nucleares a países sem armas atômicas.

Assim, o que vale para alguns não vale para outros.

A comunidade internacional só terá autoridade política e moral para exigir a não proliferação das armas nucleares quando exigir também a destruição das armas nucleares existentes.

Só terá autoridade política e moral para exigir que alguns países aceitem inspeção internacional quando a regra valer para todos — inclusive para as grandes potências e seus aliados.

Caso contrário, a demonização de países como o Irã só servirá para esconder a hipocrisia.

Podemos — uma experiência rica ou um novo paradigma para a esquerda?

O texto discute a experiência do Podemos, na Espanha, que representou uma novidade para a esquerda no plano internacional. Postado no Facebook em junho de 2015.

A EXPERIÊNCIA DO Podemos, na Espanha, é interessante e deve ser acompanhada de perto. Pode nos inspirar em muitas coisas.

Mas será ela um novo paradigma de formas de organização partidária das forças progressistas e de esquerda? Vale uma reflexão sobre a pergunta.

Ao longo do tempo, as formas de organização partidária exitosas estiveram em sintonia e a serviço das tarefas do momento histórico. Mas, volta e meia, esta verdade aparentemente óbvia é atropelada por cópias acríticas de experiências exitosas em outras realidades e outros momentos. O resultado dessas transposições mecânicas quase nunca foi bom.

Assim, foi castigado pela história quem reproduziu o modelo leninista de partido, de forma rígida, em realidades que não a da Rússia do início do século passado. Da mesma forma, deu com os burros n'água quem copiou de forma acrítica outros modelos de organização, mesmo que estes tenham servido em outros momentos e em outros países. Basta ver as derrotas da luta armada na América Latina.

Hoje, diante do profundo desgaste da "política" devido à forma como ela vem sendo exercida, e não só no Brasil, novos caminhos têm sido buscados. Isso ocorre no exercício em si da política, na formulação da estratégia e da tática e nas formas de organização partidária. É natural. Mas é preciso certo cuidado, para não comprar gato por lebre.

Nem toda novidade significa um avanço. Algumas podem representar um retrocesso.

É claro que um partido na segunda década do século XXI deve incorporar as riquíssimas (e nem sempre exitosas) experiências da luta dos trabalhadores no período recente. Deve, também, ter outras formas de organização, de intervenção política na sociedade ou de comunicação interna, se comparado a uma agremiação de 20 ou 30 anos atrás (já nem falo das do início do século passado).

Assim, os partidos — e também o PSol — precisam de um *aggiornamento*, e não só nas formas de organização.

Mas, mesmo com as necessárias mudanças, certas características permanecem necessárias. A principal delas é a reafirmação do papel dos partidos políticos. Eles devem ser um formulador coletivo de estratégias e táticas para a intervenção na realidade. Transformá-los em meros coletores de propostas que surgem na sociedade é apequenar seu papel e esterilizá-los.

Assim, como foi dito no início deste texto, a experiência do Podemos, na Espanha, deve ser acompanhada de perto. Ela pode nos trazer ensinamentos úteis.

O Podemos tem a sua origem em movimentos variados que ocorreram à margem dos partidos e das instituições tradicionais e se nutriu do desgaste desses últimos e da crítica a eles. A experiência dos Indignados — jovens que acamparam durante semanas nas praças centrais de Madri — foi uma delas. A resistência aos despejos de pessoas que não puderam fazer frente ao pagamento de aluguéis ou hipotecas, também.

O partido traz, portanto, uma experiência muito interessante. Até porque há pontos comuns entre a realidade da Espanha e a do Brasil hoje.

Mas há uma tendência perigosa de tomá-lo como modelo de forma acrítica. No Rio de Janeiro, inspirados em sua experiência — ou no que pensam ter sido ela —, jovens ativistas começaram a se reunir nas ruas para debater problemas variados. Esses problemas são, em geral, relacionados com questões locais, de bairro. E os ativistas fazem a apologia do que denominam "horizontalidade", acreditando sinceramente ser este o caminho para evitar a aparição e o fortalecimento dos burocratas partidários. Repudiam qualquer modelo que delegue responsabilidades e não aceitam a existência de dirigentes. Muitas vezes, sequer existe uma pauta nas suas reuniões. As pessoas se inscrevem e falam sobre o assunto que desejarem no momento em que lhes é dada a palavra.

Essas reuniões não deixam de ter um aspecto positivo — afinal, é gente que, num momento de confusão, se dispõe a debater problemas de alguma forma relacionados com a política (mesmo que, digamos, geralmente uma política menor, localizada). Mas são reuniões caóticas, em que se sai de um problema para outro sem que haja qualquer conclusão. Por isso, na maior parte das vezes são improdutivas, salvo quando marcam alguma atividade imediata, também relacionada com questões locais. Passados alguns meses, os coletivos que as promovem tendem a desaparecer.

É o que ocorreu com os Indignados, e que, felizmente, acabou contribuindo para o surgimento de uma organização de tipo partidário.

Não só da parte desses ativistas, com pouca experiência e formação política, houve certo encantamento com a experiência do

Podemos. Formulações de mais gabarito — como a desenvolvida por Vladimir Safatle em artigo publicado na *Folha de S.Paulo* em 2/6/2015, com o título "O que podemos" — também mostram isso.

Safatle é uma das boas cabeças da esquerda brasileira. Geralmente sai da mesmice e traz contribuições originais. Nesse artigo, como em outros, levanta questões instigantes. No entanto, flerta com uma perspectiva espontaneísta, que, no limite, leva ao menosprezo do papel dos partidos e à diluição de seu papel como agente coletivo de formulação e luta por um projeto.

Um exemplo. Falando da prefeita eleita de Barcelona, uma importante figura do Podemos, Safatle afirma:

> Ada Colau é apenas o exemplo mais visível de um processo de uma reconfiguração contemporânea da política. Seu partido não é um partido, mas uma plataforma cidadã, ou seja, um grupo de ativistas e professores, que constituiu uma lista eleitoral aliando-se a vários grupos e partidos como o Podemos.
>
> Os candidatos não foram escolhidos em convenções cheias de militantes-fantasmas filiados apenas para vencer embates internos, como acontece em tantos partidos de esquerda e direita. Nem seus candidatos foram decididos em conchavos em mesa de restaurante. Eles foram indicados em assembleia aberta, na qual escolhe quem está presente.

Examinemos mais de perto o que afirma Safatle.

O partido de Colau "não é um partido, mas uma plataforma cidadã". Ora, que plataforma? É preciso haver um mecanismo qualquer que filtre, organize e coesione as propostas surgidas no seio do movimento e lhes dê coerência mais global. Isso é essencial, sob pena de termos como consequência uma autêntica geleia geral, na qual cabe (ou pode caber) tudo.

Mais: "Os candidatos não foram escolhidos em convenções cheias de militantes-fantasmas filiados apenas para vencer embates internos, como acontece em tantos partidos de esquerda e direita. Nem seus candidatos foram decididos em conchavos em mesa de restaurante. Eles foram indicados em assembleia aberta, na qual escolhe quem está presente."

Safatle valoriza o fato de que não são os filiados a uma agremiação política que votam para escolher os candidatos, mas quem estiver numa assembleia aberta, "na qual escolhe quem está presente".

Claro que convenções manipuladas por burocracias partidárias devem ser repudiadas. Mas a solução não pode ser a apontada por Safatle, com base na experiência do Podemos.

Ao contrário do que se possa pensar, isso não é democrático.

Que se faça uma assembleia na rua para debater problemas de uma comunidade, é ótimo. Que os presentes votem, também. Mas um partido pressupõe certa homogeneidade de pensamento. Ou será que apenas o repúdio à velha institucionalidade e aos velhos partidos basta para garantir coerência ao "novo"?

Enfim, as justas críticas às burocracias — presentes em quase todas as agremiações, inclusive na nossa, diga-se — não podem levar à anarquia e ao repúdio a qualquer forma e nível de hierarquia na estrutura partidária.

Até porque — é preciso ter isso presente — sempre haverá alguém que dará um mínimo de ordem e organização à lista anárquica de demandas variadas levantadas em praça pública. Quem será esse alguém?

Devemos saudar a vitória eleitoral do Podemos, acompanhar seu desdobramento, pois ela pode abrir espaços para uma revitalização importante da política na Espanha. No entanto, é precipitado considerar que o fato de a legenda ter tido uma importante vitória eleitoral nas recentes eleições municipais o consagra como novo paradigma para a organização partidária.

Seria mais simples se tudo fosse assim.

Mas o buraco é mais embaixo.

Uma história do Leandro Konder

Artigo publicado no jornal O Globo *em 14/11/2014, em homenagem ao filósofo e pensador marxista Leandro Konder, dias depois da sua morte.*

HÁ UNS DEZ ou 12 anos, descobri que o Leandro costumava assistir a lutas de MMA ou UFC, nem me lembro como eram chamadas na época. Até pagava o *pay-per-view* para vê-las. Como às vezes eu também assistia, passamos a ver juntos.

Leandro gostava de assistir às lutas comigo, porque, além da amizade que nos unia, como sou faixa preta de judô, fazia "comentários técnicos" que ele apreciava. Enquanto isso, Cristina, sua mulher, e Ana, minha companheira na época, providenciavam a cerveja e os tira-gostos.

Leandro me chamou a atenção para o Minotauro, lutador brasileiro radicado no Japão, onde era ídolo, reconhecido por todos nas ruas. Minotauro era, naquele momento, talvez o melhor do mundo. Leandro já era admirador dele, e logo me tornei também fã daquele baiano de classe média, de mais de cem quilos distribuídos harmonicamente por um corpo quase magro de 2 metros de altura, e que se destacava por sua técnica apurada no chamado octógono.

Eis que li, em algum lugar, que Minotauro viria ao Brasil. Aqui, quase ninguém o conhecia. Na época, eu trabalhava na editoria de

Política do *Jornal do Brasil* e fiz uma sugestão de pauta que o pessoal da editoria de Esportes aceitou: levar Minotauro à casa do Leandro, promovendo um encontro dos dois. Algo como a Bela e a Fera.

Minotauro topou e, no dia aprazado, foi lá com um ou dois assessores. Para nossa surpresa, ele mostrou-se uma pessoa articulada e bem informada. O papo fluiu como ninguém esperava. E Leandro, com sua inteligência, sua simpatia, seu charme, sua simplicidade e sua delicadeza, conquistou o lutador.

Um ou dois meses depois, Minotauro perdeu a luta seguinte, contra um russo, na qual era franco favorito. Tínhamos falado dessa luta, e não passou pela nossa cabeça que Minotauro, no auge da forma, pudesse ser derrotado.

Dias depois, Leandro recebeu um e-mail de uma pessoa do *staff* do Minotauro, dizendo que este ficara abatido com a derrota porque achava que o tinha decepcionado. "Por isso — continuava — peço-lhe que escreva um e-mail estimulando-o."

Leandro, claro, escreveu filosofando sobre vitórias e derrotas na vida das pessoas.

Minotauro esteve longe de se mostrar um troglodita. Mas só uma pessoa com a doçura do Leandro poderia tê-lo conquistado daquela forma.

Viva Leandro Konder!

Este livro foi composto na tipologia Minion Pro
Regular, em corpo 12/16,5, e impresso em
papel off-white no Sistema Cameron da
Divisão Gráfica da Distribuidora Record.